Ellen G. White.

Elena G. de White

Una Biografía

Ciro Sepúlveda Ph.D.

Biblos Press

42 Orchard Street
Leominster, MA 01453

Otros Libros por el Dr. Ciro Sepúlveda

Los Siete Secretos de Salomón.

Guillermo Miller: El Gran Chasco de 1844.

Nace un Movimiento: Los Orígenes de la Iglesia Adventista en Méxio 1891-1914.

El Poder Curativo de la Oración.

¡Triunfa!: Los Códigos de José.

¡Proclámalo!: Cuéntale a Otros.

Printed by Biblos Press 1996
ISBN 1-888867-01-9

Contenido

Elena G. de White antes de volver a los Estados Unidos en 1899

Introducción

Estas páginas contienen la historia de una mujer extraordinaria del siglo XIX, Elena G. de White. Para entender su vida, lo que ella escribió, y el impacto que tuvo sobre la comunidad que ayudó a fundar, he tratado de pintar un cuadro panorámico de Elena y sus tiempos. Es imposible comprender su vida sin tener una noción del ambiente que ayudó a formarla y las fuerzas existentes en la sociedad norteamericana que impactaron y dieron forma a su vida.

Elena nació en un pueblito insignificante, de padres campesinos, en un tiempo cuando la mujer no tenía mucho valor en la sociedad. Como consecuencia de su nivel social y su sexo muy poco se sabe de ella.

El libro que Ud. tiene en sus manos es la única biografía de Elena G. de White que existe en español. En inglés existen varios libros, escritos por sus admiradores que tratan de glorificar su vida, o por sus enemigos que tratan de desacreditarla. En estas páginas trato de evadir los extremos y proveer, para el lector, un cuadro equilibrado de su vida.

Elena G. de White surge en la historia de los Estados Unidos en un tiempo cuando la nación y el planeta pasan por una serie de cambios revolucionarios. Ella nace en un mundo de reformas y si se ha de entender la vida de Elena también se tiene que comprender el papel que la mujer jugó en la historia de los Estados Unidos. Esta perspectiva ayudará al lector a entender lo que Elena G. de White logró en su vida y los obstáculos que tuvo que superar para hacerlo.

En los Estados Unidos la mujer ha transitado por un camino histórico lleno de obstáculos y puertas cerradas que no se abren. Desde que llegaron los primeros peregrinos ingleses a principios del siglo XVII a las costas de Norteamérica, la mujer ha cargado el peso de vivir bajo el dominio masculino. Para el hombre el camino siempre abundó con oportunidades. Pero para la mujer éstas fueron pocas y, hasta mediados del siglo XIX, muchas puertas se mantuvieron cerradas.

Social e intelectualmente, los colonos ingleses veían a la mujer como un ser inferior. Las enseñanzas de Juan Knox, el gran reformador inglés se reflejaban en las actitudes y los valores de la cultura colonial. Knox escribió:

"La mujer en su perfección más grande, fue hecha para servir y obedecer al hombre.... Después de la caída y rebelión contra Dios, se le impuso (a la mujer) una nueva necesidad, se la puso en sujeción al hombre por la sentencia irrevocable de Dios."

Estas ideas de Knox saturaban las colonias inglesas cuando los peregrinos y puritanos establecieron sus comunidades en la costa de Massachusetts en la primera mitad del siglo XVII. Desde la fundación del Colegio de Harvard en 1637, solamente los hijos varones de la colonia gozaban el lujo de una educación formal. De acuerdo a las creencias populares el cerebro de las señoritas no crecía suficiente para gastar recursos en educarlos.

El hecho de que la mujer se mantuviera bajo la subyugación masculina determinó que no se escribiera la historia de la experiencia femenina en los Estados Unidos. Solamente cuando la mujer ayudó al hombre en su desenvolvimiento histórico es que se consignan sus experiencias. Los pocos nombres de mujeres en la historia de los Estados Unidos son generalmente nombres de esposas, madres, o hijas de hombres famosos o ricos.

Desconocemos las experiencias de las muchas mujeres que desafíaron las autoridades coloniales y abandonaron sus vidas en las colonias inglesas optando por huir al interior de la costa y vivir en comunidades indígenas. Los historiadores no registraron estas experiencias y sólo en la última década aparecen las historias de mujeres que optaron por abandonar la colonia. Por lo general la historia sólo registra las experiencias de mujeres que fueron capturadas por los indios, odiaron su estadía en comunidades indígenas y lograron escapar.

Una de las primeras mujeres en Los Estados Unidos que desafió la autoridad masculina fue la señora Ana Hutchinson. Ella llegó a la ciudad de Boston en la colonia de Massachusetts en 1634. Aunque no recibió una educación formal, como era la costumbre en esos años, sí aprendió a leer la Biblia, y a pensar por su propia cuenta. Llegó a la conclusión, tras mucho estudio y reflexión personal, que el hombre y la mujer recibían la salvación, no a través de las obras sino mediante la fe.

En su hogar la Sra. Hutchinson logró reunir a muchos vecinos y amigos que aceptaron lo que ella enseñaba. Pero cuando los líderes de la colonia descubrieron la popularidad de esta dama, inmediatamente encontraron objeciones teológicas a lo que enseñaba. Se lanzaron contra ella una serie de acusaciones. Finalmente los oficiales organizaron un juicio eclesiástico para desacreditarla.

Después del juicio, mientras que ella estaba embarazada y con muy poca energía para defenderse, las autoridades decidieron expulsarla de la colonia. La señora Hutchinson tuvo que huir de Boston a Rhode Island. El hecho de que 30 familias la siguieron testifica de la influencia que ella y sus ideas lograron impactar en la colonia de Massachussets.

Ana Hutchinson desafió el poder masculino. Pero al instante que sus ideas comenzaron a influir sobre otros, los hombres de Massachusetts, los que supuestamente habían llegado al nuevo mundo en busca de la libertad religiosa, la expulsaron.

A María Barrett Dyer le fue aún peor cuando siguió el ejemplo de Ana Hutchinson. Como resultado de apoyar a la Sra. Hutchinson en 1638 y por ser la única que salió caminando de la iglesia, prestando auxilio a la señora Hutchinson después de su juicio, ella y su familia también tuvieron que huir de la colonia de Boston.

Esa experiencia le ayudó a la Sra. Dyer a elaborar sus propias ideas religiosas. Eventualmente, como resultado del estudio de la Biblia, María Dyer aceptó las ideas de la Sociedad de Amigos. Cuando supo que dos compañeros de la Sociedad habían sido arrojados a la cárcel de Boston ella viajó a la ciudad y también fue encarcelada.

Determinada en hablar y exponer las verdades que había abrazado, la Sra. Dyer insistió en hablar y el 1 de Junio de 1660 las autoridades eclesiásticas de Boston silenciaron a Dyer para siempre, ahorcándola. Gracias al valor y a la insistencia de María Dyer, y a muchas otras mujeres cuyos nombres se han perdido en las páginas de la historia, el dominio absoluto del hombre en los Estados Unidos comenzó a debilitarse.

Desde los días de Ana Hutchinson y María Dyer, en el siglo XVII, la puerta de la liberación femenina ha dejado entrar a muy pocas mujeres. Muchas de las que trataron de abrirla como las Sras. Hutchinson y Dyer, fueron silenciadas. Y las que lograron franquearla no han dejado un registro claro y bien documentado, ya que los historiadores han siempre sido varones, generalmente adinerados. Solamente en el siglo XX se ha comenzado a evaluar la historia desde un punto de vista que toma en cuenta las contribuciones de las mujeres.

La mayoría de las mujeres que lograron impactar la historia de los Estados Unidos en los siglos XVII, XVIII, y XIX han quedado sepultadas bajo las montañas de palabras que se han usado para describir las hazañas y logros del sexo masculino. Las contribuciones de la mujer han quedado documentadas con escasos detalles.

La señora Jemima Wilkinson, que fundó un movimiento religioso en el estado de Nueva York en los 1870s provee un buen ejemplo. Wilkinson logró establecer una comunidad religiosa en el estado de

Nueva York, pero muy poco se sabe de ella. Ana Lee también logró establecer el movimiento de los "Shakers", en el estado de Massachusetts, que influyó sobre millares de individuos en el noreste de los Estados Unidos. Ella también ha sido relativamente ignorada por los historiadores.

Durante el siglo XIX gracias a los cambios provocados por la revolución industrial la mujer pudo desempeñar un papel más activo en la sociedad. El trabajo de las mujeres en el siglo XIX a favor de la temperancia, la educación, las reformas en el trato a los reos y retardados mentales, en la lucha contra la esclavitud, en la campañas por el sufragió femenino, y los movimientos en favor de los pobres inaguró una nueva era en la historia de la nación.

Durante el siglo XIX florecieron diversas escuelas para señoritas que eventualmente se transformaron en colegios superiores y universidades. Estas instituciones comenzaron a preparar futuras dirigentes de la época. Como resultado, en la primera mitad del siglo XIX las oportunidades para la mujer comenzaron a florecer. Algunas ciudades dejaron que las mujeres desempeñaran un papel activo en los asuntos públicos. Un buen ejemplo de estos cambios lo ofrece la ciudad de Portland, Maine.

En Portland, en los 1830s, florecieron las sociedades en favor de la paz, la abolición de la esclavitud, la temperancia y las misiones. Los habitantes de Portland discutían abiertamente, en las calles, los hogares y en las reuniones públicas sobre asuntos teológicos y políticos. El debate entre los unitarios y universalistas floreció frecuentemente en los lugares públicos de Portland. En todas estas sociedades y actividades las mujeres participaban activamente. Durante las elecciones del Presidente Andrew Jackson las mujeres participaron abiertamente en las campañas políticas. En una ocasión, cuando llegó un grupo de mujeres a una reunión política en Portland, los hombres gritaron y aplaudieron por su presencia.

Fue en este ambiente que Elena G. de White nació en la tercera década del siglo XIX a unos pocos kilómetros de Portland, Maine. Antes de entrar a la escuela elemental Elena llegó a Portland con su familia y allí pasó los años de su niñez. Como su familia era pobre, Elena no logró más de unos pocos años de educación primaria. A pesar de los obstáculos impuestos sobre la mujer y los obstáculos personales que Elena encontró en su camino, ella logró convertirse en uno de los líderes religiosos más influyentes de los Estados Unidos. El hecho de que fuera de la Iglesia Adventista muy poco se sabe de ella, ilustra que aún hoy el papel que la mujer juega en la sociedad no recibe la atención merecida.

Sin embargo, a pesar de todos los obstáculos, las ideas de Elena G. de White lograron establecer el sistema educativo protestante más grande del mundo contemporáneo. Sus principios de salud se practican en todos los rincones del mundo por los miembros de la Iglesia Adventista, y mantienen a este grupo mucho más saludable que el resto de la población. Millares de personas usan sus consejos sobre la familia, la temperancia y la educación y sus libros se leen en casi todos los idiomas del planeta. Y la Iglesia Adventista del Séptimo Día, que ella ayudó a fundar, es una de las iglesias que más crecen en el mundo hoy.

Es mi deseo pintar, en este libro, un cuadro fiel de la vida y el mundo de Elena G. de White.

La revolución Industrial transformó radicálmente la vida diaria de la mujer en los Estados Unidos.

Capítulo I

Elena Saca a Bossy del Arroyo

El sol brillaba entre los árboles del bosque convirtiendo las hojas anaranjadas y amarillas del otoño en luces de oro. Elena salió corriendo de la casa en busca de Bossy. Bossy - la vaca de la familia Harmon- y Elena eran amigas. La niñita de ojos oscuros y cabello largo, casi negro, cargaba la tarea de ir todos los días al potrero a buscar a Bossy, traerla a la casa y ordeñarla.

Cuando Elena llegó a la cerca, miró entre los palos del portón pero no vio la vaca. Entró al potrero y comenzó a gritar. Elena gozaba de unos pulmones potentes:

"Bossy, ¿dónde estás? ¡Bossy!"

Cuando Elena notó que la vaca no estaba por

ningún lado, corrió al otro extremo del potrero. Se lanzó por el caminito que ondulaba entre los árboles del bosque, gritando;

"¡Bossy, Bossy, Bossy............!"

Preocupada, con la respiración agitada y los ojos atentos, la niñita llegó al arroyo que cruzaba el valle al frente de la casa de la familia Harmon. Ahí, en el agua y el barro, Elena encontró a Bossy. Con las patas hundidas en el barro, la vaca no podía salir. Elena pensó brevemente;

-"¿Qué hacer?"

Vio el zacate verde que crecía robustamente en la orilla del arroyo, la comida favorita de Bossy. El viento que soplaba entre las hojas y el murmullo del agua se unían a la música de la naturaleza mientras Elena pensaba. Tenía que encontrar alguna forma de sacar a Bossy del arroyo. No había tiempo para ir en busca de sus hermanos o su papá. Una idea brillante surgió en su mente.

Elena agarró un manojo de zacate, se acercó a la vaca y le dio a su amiga su comida favorita. Masticando con gusto, la vaca consumió rápidamente el zacate de la mano de Elena. Tan pronto la vaca terminó de comer, Elena volvió a la orilla del arroyo y consiguió más pasto.

La tercera vez Elena se acercó con el zacate pero no se lo dio a Bossy. Mantuvo el manojo a unas pocas pulgadas del hocico de la vaca, y con la otra mano se aferró a uno de los cuernos del animal. La pequeña comenzó a tirar la vaca por el cuerno, manteniendo el zacate suficiente lejos para que el animal se esforzara por alcanzarlo. De ese modo agregando toda la fuerza de su pequeño cuerpo, Elena logró sacar a Bossy del arroyo.

Con sus zapatos todos enlodados Elena caminó

por el bosque hacia el potrero con una gran sonrisa en su cara, satisfecha consigo misma. Bossy la seguía pacíficamente. Momentos como esos, vividos en la granja donde Elena comenzó su vida al lado de sus hermanos y hermanas quedarían grabados en la memoria de la niña el resto de su vida.

En el potrero, Elena limpió sus zapatos, inconsciente de que le quedaban muy pocos días en la granja que tanto quería. La niñita vivía inocente de las fuerzas de modernización que se habían soltado sobre el mundo y especialmente los Estados Unidos de Norteamérica. Tales fuerzas eventualmente cambiarían o mejor dicho, revolucionarían la vida de Elena y la mayoría de los hombres, mujeres y niños del país y el mundo.

Arrastrándose como una culebra por el prado, una revolución silenciosa se había infiltrado en la sociedad y la cultura de los Estados Unidos. La revolución había comenzado en el noreste de la nación, la Nueva Inglaterra, especialmente en los puertos y las ciudades más grandes de Massachusetts, Rhode Island, y Connecticutt. Pero eventualmente aun las pequeñas granjas de agricultura como en la que vivía Elena sentirían el gran impacto de los cambios.

Las pequeñas granjas de la Nueva Inglaterra que se encontraban cerca de los puertos, o en los valles al interior de la costa del Atlántico, producían los artículos que los campesinos de la región consumían, incluyendo su comida y ropa. Por muchas generaciones, esas comunidades habían vivido en gran parte aisladas de las ciudades costeñas. Pero cuando se desarolló el sistema comercial, gracias a la revolución industrial, esas pequeñas comunidades llegaron a formar parte de la red comercial del noreste del país. La gente de las granjas ayudaba a sostener el sistema comercial cuyo centro era la ciudad de Boston.

En Boston familias como los Cabot, Derby y Crowinshield manejaban flotas de barcos que exportaban granos, tabaco, algodón, cueros, hierro, y ron a Europa. Semanas y meses después de salir para Europa, los barcos volvían llenos de productos ingleses, franceses, portugueses, y seda del oriente. Con la atracción de los productos importados, los campesinos de la Nueva Inglaterra comenzaron a participar en la economía que se formó a raíz de la Revolución Industrial.

Era común ver cientos de barcos de vela en el puerto de Boston, cargando o descargando multitud de productos a diario.

Fue en esos días que las aldeas y las granjas del noreste de los Estados Unidos comenzaron a sentir los trastornos de la revolución industrial que ya había comenzado en Inglaterra. En las primeras décadas del siglo XIX, los Estados Unidos cayeron en las garras de los cambios que penetrarían en todos los rincones de la vida, transformando la nación. En un siglo la nación agrícola, que había nacido unos años antes cuando las trece colonias se independizaron de Inglaterra en 1776, florecería como una potencia industrial sin rival.

Mientras que Elena caminaba por el potrero hacia la casa cumpliendo con las tareas que miles de niñas habían realizado por muchas generaciones en los campos de la Nueva Inglaterra (los estados de Massachusetts, Connecticut, Maine, Vermont, New Hampshire, y Rhode Island) , otras niñas y señoritas ya estaban viviendo una vida radicalmente distinta, a unos pocos kilómetros de donde vivía Elena.

Lowell, Massachusetts, que sólo diez años antes que naciera Elena, había sido un potrero donde se cuidaban ovejas, se convirtió en una ciudad de 14,000 habitantes. Cinco mil mujeres, incluyendo señoritas y niñas como Elena, trabajaban en las fábricas de textiles de la ciudad, ganando un sueldo de $1.50 por una semana de trabajo.

Estas mujeres y señoritas habían estado llegando a Lowell semanalmente, procedentes de las granjas y las haciendas del Estado de Massachusetts. Cada año, noticias que una mujer podía hacer más dinero que un hombre, atraía a las mujeres del Estado como un imán. Vivían en dormitorios recientemente contruidos y en las noches asistían a cursos educativos. En los primeros años de las fábricas de Lowell las mujeres recibían un trato ideal. Pero con el pasar del tiempo las horas se prolongaron, los sueldos disminuyeron, los cursos educativos se eliminaron, y la fábrica se convirtió en un capataz cruel.

Los cambios revolucionarios que se habían desencadenado sobre los Estados Unidos eventualmente transformarían la vida diaria de la familia Harmon y casi todos los habitantes de la nación. Roberto y Eunice Harmon, los padres de Elena, no sólo tendrían que abandonar la granja, con sus hijos y mudarse a la ciudad, sino también tendrían que aprender a sobrevivir en un ambiente totalmente diferente del que habían conocido por toda su vida.

Los cambios florecían con notoriedad en las pequeñas aldeas del noreste. Generalmente las aldeas ubicadas en las orillas de los ríos, se transformaban en ciudades. El algodón, producto de las grandes estancias del sur de los Estados Unidos, impactó muchas ciudades en el norte donde surgieron, como hongos, fábricas que producían hilo y textiles. Con las fábricas llegaron sueldos atractivos que atrajeron del campo a familias enteras que habían alquilado tierras por generaciones para subsistir. El trabajo de las ciudades, los sueldos que aún las mujeres podían obtener, y la realidad de que se hacía más y más difícil mantener familias grandes trabajando la tierra, hizo la transición atractiva para miles y miles de norteamericanos.

En 1840, dos terceras partes de las 1200 fábricas de tejer en los Estados Unidos funcionaban en el noreste del país donde vivían Elena y su familia. Durante la primera mitad del siglo XIX, estas fábricas lentamente eliminaron las pequeñas industrias hogareñas de las granjas, tomando control absoluto de la producción de textiles. Miles de mujeres por primera vez dejaron su lugar en el hogar y comenzaron a trabajar por un sueldo. De este modo, las fábricas del noreste se llenaron de mujeres, jovenes, adultos, y de niños que trabajaban de 12 hasta 16 horas al día.

En el Estado de Maine, donde Elena vivía, unos tres años antes que Elena naciera, se había fundado la hilandería de algodón más grande de la nación. El Estado de New Hampshire, vecino de Maine, ya tenía 300 curtidurías y seis papeleras. En el Estado de Massachusetts, a orillas de los ríos, más de 150 fábricas de textiles operaban día y noche. En el puerto de Providence, Rhode Island, más de 150 fábricas empleaban a unos 30.000 obreros.

Al impacto del algodón sobre la nación se agregó el del hierro, que produjo los mismos efectos. Especialmente en el Estado de Pennsylvania las fundiciones de hierro brotaron como la hierba en la primavera. En 1810 la producción de hierro en los Estados Unidos era de 54.000 toneladas anuales. Cuarenta años más tarde había saltado a la suma impresionante de 546.000 toneladas anuales.

Esta explosión industrial transformó a muchas pequeñas aldeas en grandes ciudades empapándolas de los problemas de la industrialización.

Un aumento dramático ocurrió en la población de la ciudades del noreste. Las cuatro ciudades más grandes, Nueva York, Filadelfia, Baltimore y Boston aumentaron su población dramáticamente de 343,000 habitantes en 1820 a 1,162,000 en 1850. Durante la década de 1840 la población de los Estados Unidos se incrementó en un 36%, mientras que las ciudades crecieron el 90%. Cuando Elena nació la población de los Estados Unidos era aproximadamente 11.000.000. En treinta años la población daría un brinco increíble a 33.000.000.

Además de la explosión natural de las poblaciónes urbanas, la primera mitad del siglo XIX vio un aumento dramático en el número de inmigrantes que llegaron a ellas. Entre 1846 y1855 más de un millón de inmigrantes alemanes llegaron a los Estados Unidos. En un período de 100 años, de 1815 a 1915, más de 30 millones de europeos hicieron el viaje a Norteamérica. Durante los 10 años de 1830 a 1840, 600.000 inmigrantes llegaron a la nación. En la década de 1850 hubo un dramático aumento de 2.314.000, mayormente europeos del norte de Europa que hicieron de los Estados Unidos su nuevo hogar.

La mayoría de los inmigrantes llegaron a los puertos del noreste de la nación; Boston, Filadelfia, y principalmente Nueva York. Después de la gran plaga de la papa en Irlanda, miles y miles de campesinos irlandeses, cansados de trabajar la tierra llegaron a las grandes ciudades del norte, especialmente Boston. Allí encontraron trabajo en la ciudad ayudando en la construcción de caminos, edificios, puentes, y rieles para los trenes urbanos(subway).

Después de las revoluciones de 1830 y 1848, en Alemania, los campesinos de esa nación comenzaron a llegar al noreste de los Estados Unidos por millares. La mayoría llegaron a las ciudades del noreste y establecieron colonias alemanas en todos los grandes centros urbanos. Algunos, después de ahorrar un poco de dinero comenzaron a viajar hacia el centro de la nación. Ya para 1850 la ciudad de Milwaukee, Wisconsin, se había convertido en una ciudad alemana.

El aumento de población facilitó la ampliación y modernización de los sistemas de transporte del noreste del país. Las aldeas que hasta ese tiempo habían estado, mayormente aisladas comenzaron a unirse mediante una red de caminos y canales. En 1825 el Estado de Nueva York abrió el Canal Erie que constituyó el vínculo principal entre la costa del este y la región central de los Estados Unidos. Unos años más tarde en el Estado de Ohio la apertura de un canal que unió los grandes lagos del país con el valle del río Misisipí abrió las vías de transportación desde el este de la nación hasta la ciudad de San Luis y Nueva Orléans.

Con los canales fueron surgiendo nuevos centros de población. Las ciudades de Cincinnati (Ohio) St. Louis (Misuri), Louisville (Kentucky), y Cairo (Illinois) florecieron en unos pocos años a orillas de ríos y canales gracias al aumento de tráfico humano que los canales proporcionaron. Un historiador de esta época llama a los canales "la madre de las ciudades" de los Estados Unidos.

Todo esto ocurría sin el conocimiento de Elena, que había llegado al galpón y había comenzado a ordeñar la vaca. A la niña le gustaba el trabajo que el papá le había dado. Todos sus hermanos tenían tareas en la granja y ella cumplía las suyas con gozo y alegría. Para la familia Harmon todavía nada había cambiado. Vivían como sus antepasados habían vivido por generaciones.

Los primeros años en la vida de Elena palparon la belleza del centro de Maine y el calor de una familia muy unida. En la granja, situada a uns 3 1/2 kilometros de la aldea de Gorham, vivía Elena y su familia. La casa de la familia Harmon coronaba una colina que dominaba un panorama bellísimo del valle y el lago Sebago. En la primavera, los campos se llenaban de flores silvestres de todos colores, y en el otoño los bosques se adornaban con colores amarillos, anaranjados, y rojos oscuros. El trasfondo de verdes oscuros de los pinos creaba un ambiente maravillosamente bello.

Ya el sol había desaparecido detrás del bosque cuando Elena terminó de ordeñar la vaca y entró a la casa con un balde de leche.

La casa donde nació Elena G. de White.

Capítulo 2

Las Ideas en el Mundo de Elena

Los hijos de Roberto y Eunice Harmon gozaban de la granja en Gorham, Maine como si fuera su campo privado de exploración y juego. Elena y Elizabeth, la hermanita melliza de Elena que era un poquito más gordita que Elena, comenzaron a caminar al año, y la madre las dejó salir y jugar en el bosque acompañadas por uno de los hermanos o hermanas mayores. Las dos comenzaban a hablar, comunicándose con las pocas palabras de su vocabulario. Generalmente, cuando salían al bosque, Elena salía corriendo adelante, ya que era más rápida y ágil. Elizabeth le gritaba de atrás suplicando socorro;

"¡Ayuda, subir tronco, ayuda subir ...tronco!"

Elena volvía corriendo por el camino a ayudarle a

su hermanita. Una vez que Elizabeth lograba cruzar por arriba del tronco Elena partía corriendo detrás de sus hermanos por el caminito.

Un día Elena y Elizabeth salieron corriendo, muy animadas, porque en esta ocasión todos los hermanos y hermanas Harmon salieron a buscar nueces en el bosque. Para los mayores la salida era una tarea más que los padres habían pedido de ellos, pero para Elena buscar nueces constituía una gran aventura. A Elena le gustaban los desafíos y tomaba su papel con mucha seriedad.

La mayoría de los niños, hijos de campesinos de la Nueva Inglaterra como Elena y Elizabeth, vivían en un mundo donde los adultos tomaban su papel de padre o madre con mucha seriedad. Los hijos se consideraban como seres imperfectos que tenían que ser corregidos por los adultos. Cuando los niños demostraban alguna señal de enojo, orgullo, envidia, crueldad, etc., los padres tenían el deber de corregir esas actitudes. En otras palabras, los adultos apoyaban a los niños cuando ellos no lograban dominar sus impulsos.

El padre instruía a los hermanos varones de la familia y la madre a las niñas. La educación era práctica. El papá y los hermanos construían los muebles que se usaban en la casa. Las velas para alumbrar el hogar en la noche, y el jabón para lavarse, lo producían generalmente la madre y las hijas. La madre hilaba, tejía y cosía la ropa de los miembros de la familia.

La religión jugaba un papel central en el control de los niños. Por lo tanto casi todos los eventos en la vida de los niños eran interpretados a la luz de la voluntad de Dios. Las cosas malas que ocurrían eran castigo del Padre Divino y los eventos agradables eran sus bendiciones.

La familia Harmon subsistía, consumiendo el producto de su trabajo. Muy a lo lejos viajaban al pueblo a comprar lo que no se producía en la granja. Todos los hijos ayudaban y trabajaban la tierra que el padre alquilaba. Cuando viajaban al pueblo lo hacían a caballo o en una carreta tirada por bueyes. Y cuando las tareas se terminaban, los hijos salían a jugar, pero generalmente el juego consumía muy pocos minutos en el transcurso del día.

Cuando Elena nació en Gorham, Maine, una pequeña aldea a unas 12 millas al oeste de Portland, ya había en el hogar 6 hermanas y dos hermanos; Carolina tenía 15 años, Harriete 13, Juan 11, María 6, Sara 5, y Roberto 2. Con la llegada de Elena el 26 de Noviembre de 1827, la familia Harmon aumentó en dos personas ya que Elena nació con una hermanita melliza, Elizabeth.

La familia Harmon aún no había sentido el impacto de los cambios que rugían muy cerca, en el noreste de la nación. Las ideas que acompañaban esos cambios ya habían afectado a Roberto, el papá de Elena. Como palomitas de maíz explotando en la sartén muchos reformadores con nuevas ideas comenzaron a aparecer y germinar en el noreste de la nación con una rapidez increíble. Y Roberto Harmon comenzó a asimilar esas ideas cuando viajaba al pueblo o hablaba con los vecinos de Gorham.

Elena y sus hermanos vivían inconscientes de lo que estaba sucediendo en los Estados Unidos, pero el padre de la familia Harmon, Roberto, ya había comenzado a sentir el impacto. Por generaciones sus antepasados subsistieron de la tierra. Pero ahora Roberto Harmon comenzó a darse cuenta que la granja no producía suficiente para alimentar a todos sus hijos. La renta seguía aumentando, los estómagos que necesitaban comida aumentaban, pero la tierra seguía produciendo como siempre. Algunos años las sequías, o plagas destruían la producción pero los hijos seguían vistiéndose y comiendo.

Unos años antes del nacimiento de Elena, Roberto Harmon trató de mudarse a Portland con su familia. Como miles de otros campesinos, el padre de Elena pensó que las cosas mejorarían en la ciudad. Pero la familia Harmon no logró sobrevivir en Portland y tuvo que volver a trabajar la tierra.

Durante los inviernos, para ayudarse financieramente, Roberto comenzó a fabricar sombreros. Cuando tenía suficientes viajaba a Portland a venderlos. Esos viajes le abrieron una puerta al nuevo mundo que estaba por aparecer. Al leer los periódicos y escuchar las conversaciones en las tiendas de Portland, Roberto comenzó a ver y sentir que algo transformaba la nación.

En 1828, sin duda Roberto notó un cambio palpable en la nación cuando Andrew Jackson fue elegido Presidente. Hasta ese año la pequeña nación estadounidense, que había recibido su independencia en 1776, había sido manejada por monarquistas y aristócratas, es decir por terratenientes educados, y convencidos que el liderazgo de la nación debía estar en las manos de su propio grupo privilegiado. El nuevo presidente, Jackson, que se vestía como un campesino y cuyo vocabulario reflejaba los modismos del hombre común, ganó el corazón de los campesinos y los pobres. En la inaguración de Jackson miles de campesinos llegaron a la capital, Washington D.C., para apoyarlo y celebrar el evento.

No todos apreciaron la llegada de Jackson a la presidencia. John Quincy Adams, uno de los ex-presidentes, al escuchar que la Universidad de Harvard le otorgaría un doctorado en letras exclamó indignado;

"Yo soy uno que no estará presente en esa desgracia donde se le entregará el honor literario más alto a un bárbaro."

Durante estos años, impulsados por la presidencia de A. Jackson, se hablaba más y más de la democracia y la igualdad de todos los hombres. Jackson usó esos vientos de cambios ideológicos para ganar la simpatía del pueblo norteamericano. Miles comenzaron a creer y vivir convencidos que todos los hombres son iguales, y que merecen los mismos privilegios. Algunas mujeres comenzaron a pensar que ellas también merecían los mismos derechos que los hombres.

Estos vientos ideológicos rugían especialmente en la Nueva Inglaterra donde Roberto Harmon se había criado. Por varias generaciones los problemas locales de las pequeñas aldeas de Maine se resolvían en reuniones públicas, que habían impulsado un espíritu individualista y democrático.

Los cambios provocados por la revolución industrial y los nuevos valores e ideas que comenzaron a infiltrar la sociedad hicieron florecer y resaltar montañas de problemas que comunidades enteras tuvieron que confrontar por primera vez. Nunca antes, en la historia de los Estados Unidos, se habían palpado los problemas que la explosión demográfica elevó a la luz del día.

Sin duda el fenómeno más notorio del nuevo mundo que florecía en estos años fue la aparición de la ciudad moderna. Como hongos que aparecen de un día para otro, cientos de ciudades aparecieron en la primera mitad del siglo 19 en el noreste de los Estados Unidos. Esta explosión demográfica inició un proceso que eventualmente transformó la nación, de una nación de granjas a una de ciudades. Y en estas ciudades surgieron condiciones y problemas que nadie esperaba.

La agrupación de multitudes en las ciudades reveló la abundancia de sordomudos que había en todos los centros urbanos. Estas condiciones empujaron a Thomas H. Gallaudet, en la ciudad de Hartford, Connecticut a establecer la primera escuela para sordomudos de la nación. En Boston, Samuel Gridley Howe fundó el Instituto Perkins para los ciegos al ver la condición deplorable en la cual ellos vivían. Neal Dow, un negociante de Maine, palpó el impacto horrible que el ron tenía sobre la población urbana y dedicó su vida a luchar contra el alcoholismo.

Uno de los casos más notables, en las muchas reformas que florecieron, fue el de Dorotea Lynde Dix, de Massachusetts, que abandonó su carrera de maestra en una escuela para niñas ricas y dedicó su vida para mejorar la condición de enfermos mentales. Hasta ese punto en la historia de la nación la mayoría de estas personas recibían el trato indigno hasta de animales, encarceladas, y generalmente encadenadas. Dorotea visitó las cárceles en toda la nación documentando el trato y las condiciones de estas personas y eventualmente introdujo legislación en el Congreso de los Estados Unidos de Norteamérica que implementó muchas reformas.

El noreste de la nación, donde Elena vivía, se estaba convirtiendo en una incubadora no tan sólo de reformas e ideas seculares sino también en un centro de reavivamientos religiosos. Especialmente en el Estado de Nueva York, y en las orillas del Canal Erie, los reavivamientos religiosos brotaron como la mala hierba en la primavera.

En parte estos reavivamientos religiosos tomaron auge por la condición estática de las religiones existentes en la Nueva Inglaterra y Nueva York. Las iglesias establecidas se habían transformado en instituciones que apaciguaban las conciencias de los ricos. En sus orígenes esas iglesias habían sido instituciones reformadoras que criticaban el orden existente. Los pastores de estas iglesias buscaban la libertad religiosa y el servicio a la humanidad. Pero con el pasar del tiempo los congregacionalistas, unitarios, y episcopales se convirtieron en las iglesias del "status quo". Por lo general esas comunidades no tenían deseo de reformar el orden existente, sino, que se habían convertido en instituciones que apoyaban a los que controlaban la sociedad y deseaban conservar su condición.

Ya las iglesias establecidas no atraían a los millares de individuos que seguían llegando a los Estados Unidos. Aun muchos miembros de las iglesias presbiterianas, metodistas y bautistas estaban desconformes con la frialdad en los cultos religiosos de sus congregaciones. En este ambiente de desconformidad florecieron reformas religiosas y surgieron numerosos predicadores con doctrinas de todo tipo.

En 1830, en Palmira, Nueva York, José Smith publicó el Libro del Mormón, y con ese libro fundó la Iglesia de Jesuscristo de los Santos de los Últimos Días, o mejor conocidos como los Mormones. Unos años más tarde, Charles G. Finney, considerado como el más grande de los evangelistas estadounidenses convirtió a miles y miles durante estos años en las ciudades que aparecieron en las orillas del Canal Erie. Guillermo Miller, de Low Hampton, Neueva York persuadió a millares que Cristo llegaría en 1843. En Róchester (Nueva York) las hermanas Fox iniciaron el movimiento espiritista de Norteamérica.

Ann Lee de New Lebanon, Nueva York fundó la comunidad de los Shakers y comenzó a enseñar que los deseos sexuales eran el origen de todo mal. Igualmente Jemima Wilkinson de Jerusalém (Nueva York), que también practicó el celibato, fundó la comunidad del Amigo Universal. En contraste a estas tendencias anti-sexo, Juan H. Noyes, buscó la perfección creando la comunidad Oneida donde se practicaba el sexo libre.

Ralph Waldo Emerson, un clérigo que abandonó su puesto de pastor y se convirtió en poeta y escritor, popularizó el transcendentalismo en sus poesías y escritos. En esta época apareció en Massachusetts la Iglesia Unitaria, que negaba la Trinidad. Los calvinistas liberales comenzaron en estos años a poner en tela de juicio las interpretaciones de la Biblia que por generaciones los cristianos habían aceptado como hechos literales.

En las denominaciones religiosas más establecidas de la nación aparecen conflictos y guerras de palabras. Los presbiterianos, los bautistas, y los metodistas no concuerdan en muchas interpretaciones de la vida religiosa, abriendo la puerta para la disensión y las ideas divergentes.

Este ambiente de fervor religioso florece por todos lados en las reuniones religiosas al aire libre, llamadas "Camp Meetings". En estas reuniones predicadores elocuentes mantenían multitudes de oyentes casi hipnotizados por horas. La gente llegaba de muchos kilómetros de distancia a escuchar a los evangelistas ambulantes que recorrían todo el país proclamando sus ideas. La música alegre provocaba manifestaciones emotivas con aplausos, saltos, y bailes que entusiasmaban a los centenares de congregados. En las reuniones religiosas multitudes salían de sus asientos y se acercaban al púlpito cuando se hacían llamados al arrepentimiento.

Las reformas sociales y religiosas lanzadas al comienzo del siglo 19 fueron acompañadas por reformas en la educación. Hasta este punto en la historia del planeta la educación había sido para un grupo muy selecto, los hijos de los ricos. En inglaterra, en los Estados Unidos, en Latinoamérica, la educación era un lujo que solamente esa minoría podía aprovechar. Pero en la Nueva inglaterra, donde nació y fue criada Elena, surgió un movimiento potente que logró que la educación sea para todos, sin consideración de nivel social, sexo, o raza. Y aún más importante, la educación que surgió en Nueva Inglaterra era gratuita.

Los liceos, instituciones para la educación de adultos, surgieron como resultado de estas reformas. Para 1834 ya se había establecido más de 3,000 liceos en los Estados Unidos. En 1822 se estableció la primera escuela para niños negros en los Estados Unidos. En1839 se inauguró el primer colegio dedicado exclusivamente a la formación de maestros de escuela, la escuela normal. Estas ideas educacionales no sólo transformarían el noreste de la nación, sino que lentamente se infiltrarían a todos los rincones del planeta.

Nuevas puertas se abrieron en el noreste de los Estados Unidos para los hijos de los pobres. Elena nació en una época cuando esas puertas se abrirían para ella, dándole oportunidades que las niñitas de otras generaciones no habían tenido. Hasta ese tiempo en la historia, la educación había sido un lujo de los varones ricos.

Pero nada de esto sabía Elena cuando corría esa tarde con sus hermanitos a buscar nueces que las ardillas almacenaban en los troncos de los árboles. Antes de salir de la casa Elena llenó su bolsa de granos de maíz. No se sentía cómoda robándole a las ardillas, pero le gustaba salir al bosque con sus hermanos.

En el tronco de un árbol que ella logró escalar
32 esa tarde, mientras que sus hermanos buscaban en
otros lados, Elena encontró un tesoro de nueces. Sin
duda una ardilla había trabajado largas horas para
almacenar esas nueces. Lentamente, Elena sacó las
nueces y en su lugar dejó el maíz que había traído de
la casa. Esta fue una de las primeras transacciones
comerciales que Elena efectuó en su vida y sería una
de las últimas veces que ella gozaría de una excursión
en el bosque con sus hermanos.

Capítulo 3

Elena Cae Herida

Las tres hermanitas cruzaron la calle corriendo, sin mirar para atrás, asustadas de la enemiga furiosa que, como una loba hambrienta, corría detrás de ellas. La niña que las perseguía con una tremenda piedra en la mano, gritaba insultos groseros que cautivaban las miradas de todos los que caminaban por la calle o conversaban en las puertas de sus casas. Habían corrido tres cuadras contra la brisa que soplaba del Atlántico sin parar, y en el pecho de Elena su corazón palpitaba como una bomba de tiempo. Elena no se atrevía mirar hacia atrás. En la calle la gente se paraba a observar el espectáculo. Elena, con la cara roja y el sudor corriendo por las mejillas, sentía que su asaltante se acercaba más y más.

Las calles de Portland bullían de actividad. Los niños salían de las escuelas rumbo a casa. Algunos caminaban hacia el centro de Portland, a unas cuadras hacia el norte. Ahí las tiendas rebosaban con los productos que llegaban de Boston, Nueva York y Quebec. Otros caminaban de sus trabajos en el puerto. Las calles del barrio situado unas cuadras al sur del centro de la ciudad, donde vivía la familia Harmon, estaban llenas de vida y actividad.

Portland, especialmente el comercio, atraía, como un imán, a los residentes de la ciudad y los habitantes de granjas y aldeas cercanas. Poco a poco, en las primeras décadas del siglo 19 Portland se iba convirtiendo en la ciudad más importante del estado. En 1820 Portland tenía 12.601 habitantes. Diez años más tarde la población había crecido a 15.218. Y la gente seguía llegando a Portland; cada año, nuevos habitantes alquilaban apartamentos y casas. El tráfico de carrozas de gente adinerada, tiradas por uno o dos caballos, que rodaban por las calles entre los jinetes aumentaba cada año.

Además de los residentes locales, por las calles donde Elena y sus hermanitas corrían tratando de escapar, paseaban muchos que no eran de la región. Los vendedores que compraban y vendían productos de Boston, Nueva York y Quebec, llenaban las casas de hospedaje durante los días que se quedaban en Portland. Además de los comerciantes los grandes barcos que llegaban del sur con su velas infladas traían con ellos un número curioso de extranjeros al puerto.

Los marineros españoles con sus barbas negras, que navegaban el Atlántico en barcos llenos de productos de Europa, llegaban semanalmente a Portland. Algunos de ellos se habían establecido en la ciudad permanentemente. Estibadores afroamericanos, descendientes de los esclavos africanos, trabajan en el puerto descargando y cargando los productos que salían y llegaban a la ciudad. Los estibadores afro-americanos constituían parte de una comunidad fundada en Portland. Esa comunidad había establecido la primera escuela para sus hijos, ya que no se les permitía asistir a las escuelas de niños blancos. Pescadores decendientes de portugueses que habían trabajado en la costa del Atlántico por generaciones buscaban productos en las tiendas. La mayoría de los habitantes de la ciudad eran descendientes de inmigrantes del norte de Europa. Y de ese sector de la comunidad, los descendientes de inmigrantes ingleses constituían el grupo más grande.

Portland se estaba convirtiendo en una ciudad cosmopolita, con todas las bendiciones y maldiciones que atiende el crecimiento urbano. Florecían grandes fortunas en las manos de algunos comerciantes, constructores de barcos y capitanes de las grandes naves. Estos eran los nuevos ricos. Tradicionalmente, los ricos del Estado de Maine y los Estados Unidos habían sido los dueños de grandes estancias. El que tenía más tierra tenía más poder. Pero en Portland comenzaba a aparecer una nueva clase de rico, que ya no dependía de la tierra, sino del comercio.

Un buen ejemplo de los ricos nuevos que comenzaban a dominar el comercio norteamericano era Juan Jacob Astor de Nueva York, que se transformó en un multimillonario intercambiando pieles y cueros que los indios cazaban, por armas y licor. En la primera mitad del siglo 19 Astor, aunque no descendía de una familia rica, logró monopolizar el comercio de pieles y convertirse en uno de los hombres más poderosos de la nación. Otro ejemplo era Cornelio Vanderbilt, que comenzó su imperio en la ciudad de Nueva York. Durante su vida, Vanderbilt tomó control de las vías de transportación en casi todo el mundo. Los nuevos ricos de Portland, aunque no acumularon las riquezas que los comerciantes y capitalistas de Nueva York, Boston y Filadelfia, por estar ubicados en un puerto donde llegaba y salía comercio a diario, comenzaron a multiplicarse.

Las fortunas de algunos eran acompañadas por la pobreza alarmante de muchos. La corrupción brotaba enérgicamente en el puerto, mientras que muchos clamaban por reformas. La sociedad culta aumentaba en número; y al mismo tiempo en varios sectores del puerto florecía el crimen y los barrios pobres se llenaban más y más. Con mucha frecuencia surgían peleas y conflictos en el puerto. De vez en cuando alguien sacaba un cuchillo o una pistola para resolver un conflicto.

Uno de los problemas más comunes en Portland en esos días surgía de los aprendices que huían de sus maestros. Era una práctica común entregar a los niños, especialmente varones, al servicio de un maestro artesano. El aprendiz trabajaba sin sueldo mientras aprendía una profesión. Muy a menudo los maestros abusaban de ellos provocando que algunos de los aprendices huyeran. En otras ocasiones, los muchachos no querían trabajar y huían.

Estos jóvenes sin hogares recurrían con mucha frecuencia al robo para subsistir. El periódico de Portland reportaba a diario los robos de caballos, trineos, vacas, ropa, y comida. En 1845 dicho periódico informó que alguien se había robado el cordel que se usaba para tocar la campana de la First Parish Church de Portland. El editor del periódico de Portland en 1837, informó que un niño de unos 10 años de edad le había tirado una piedra a un compañero dejándolo inconsciente, e insistió en su editorial que lo que Portland necesitaba urgentemente era un hogar para niños delincuentes.

Las cuatro niñitas corriendo por las calles de Portland en cierto sentido simbolizaban las contradicciones y paradojas que florecían en las grandes ciudades de los Estados Unidos en la primera mitad del siglo Diecinueve. Elena y sus dos hermanitas eran nuevas en la gran ciudad. La familia había abandonado el campo, donde ellas se habían criado. Dejaron atrás el cultivo de la tierra para vivir en Portland. Con ellas llegó la inocencia, y la pureza de los niños. Y detrás de ellas, gritando obscenidades, corría otra niña que ya había palpado la dureza de la vida de la ciudad de Portland y sus influencias corruptoras.

Portland había sido construida sobre dos colinas que creaban un nido para la bahía Casco que también contenía muchas Islas. Los primeros colonos ingleses, llegaron a la bahía en1632. La región había sido habitada por los indios algonquinos desde siglos antes de la llegada de los ingleses. Y la relación entre las dos culturas pasó por muchas tormentas turbulentas. En 1676 los indios destruyeron totalmente la población de Portland. Unos años más tarde en1690, los indios, en esta ocasión aliados con los franceses, destruyeron la población una segunda vez.

El puerto natural y su ubicación entre las colonias inglesas y francesas aseguraron la permanencia de la ciudad. En 1786, diez años después de la revolución de Norteamérica, la ciudad recibió el nombre de Portland (tierra del puerto). Desde sus orígenes fue un centro de la industria pesquera, de la construcción de barcos, y de actividad comercial.

El puerto de Portland pertenece al Estado de Maine, de los Estados Unidos de Norteamérica. Maine es el más grande de los estados del noreste de dicha nación. Es una región muy fértil debido a la abundancia de agua. Cientos de lagos y ríos cruzan el territorio.

Aún hoy el 80 por ciento del estado se halla cubierto de bosques. Y siempre ha sido uno de los estados menos poblado de la nación.

La ciudad de Portland, en los años en que llegó la familia Harmon ya era un centro comercial, financiero y cultural. Esa fama atrajo, como un imán, a la familia Harmon y a centenares de otros campesinos que abandonaban el campo. En la granja las entradas no eran suficientes para sostener a tantos hijos. El señor Harmon se dio cuenta que le era más productivo dedicar su tiempo totalmente a la fabricación de sombreros, que tratar de mantener el rancho. Alrededor de 1833 ó 1834 tomó la decisión que millares de personas tomaron en esos años: abandonar el campo y trasladarse a la ciudad. A mediados del siglo 19, como resultado de esa migración, Portland era considerada la ciudad más importante al norte de Boston.

Los cambios que eran casi imperceptibles en el campo donde Elena había pasado sus primeros años saltaban con notoriedad en la ciudad de Portland. Los valores tradicionales desaparecían de un día para otro. El respeto que los jóvenes tenían por los ancianos era lentamente minado. Los vicios, el crimen, la delincuencia juvenil, el robo, y un sin número de anormalidades que no se conocían en el campo, florecían en la ciudad. Tan rápidos eran los cambios, que en diversos sectores de la comunidad surgían temores, que se manifestaban en muchas formas.

En las comunidades religiosas esos temores se hacía sentir más que en cualquier otro lado. No tan sólo en Portland, sino en toda la nación, surgieron sentimientos anti-católicos, que provenían de una larga tradición de conflictos entre España e Inglaterra. Los sentimientos contra la Iglesia Católica se hacían sentir especialmente donde llegaban los inmigrantes irlandeses, que en su mayoría eran católicos.

En 1834 una turba llena de odio contra la Iglesia Católica quemó un convento católico en Charlestown, Massachusetts. En Filadelfia, Pennsylvania, unos años más tarde un grupo de hombres y mujeres atacaron a un sacerdote católico y vandalizaron una iglesia católica. Y en 1854 otra turba entró a un barrio irlandés de Boston acabando con todo a su paso, quemando y destruyendo.

Estos sentimientos anti-católicos que cautivaron la nación eran animados por libros como Las Terribles Revelaciones de María Monk, publicado en 1836. Este libro que se convirtió en un "best seller" describía gráficamente orgías sexuales entre sacerdotes y monjas. Estas descripciones que eran mayormente inventos de la imaginación eran consideradas reales y airaban a la población norteamericana que ya se sentía alterada por los repentinos cambios que ocurrían y saturaban la sociedad.

Los que no culpaban a los católicos encontraban otras causas para los problemas de la sociedad. Algunos culpaban a la ciudad en sí, argumentando que la agrupación de tanta gente en un lugar no era natural. Para contrarrestar estas tendencias destructivas urbanas, aparecieron durante estos años varias comunidades utópicas que creían solucionar los problemas, arrancando de las ciudades.

En 1846 los transcendentalistas establecieron una comunidad llamada "Brook Farm"[granja del arroyo] en el campo, lejos de la influencia de la ciudad. Rechazaron toda forma de materialismo. Los residentes de Brook Farm vivían en una sociedad comunitaria, compartiendo todo lo que tenían. Plantaban sus propias frutas y verduras. Producían sus propios productos, tratando de reavivar las artes manuales, enfatizando la artesanía. Sin embargo, con el tiempo estos experimentos terminaron en el fracaso y los comunitarios volvieron a las ciudades.

Un grupo de socialistas, guiados por Roberto Owen, establecieron una comunidad llamada New Harmony [Nueva Armonía] en 1825 para huir de las influencias corruptoras del capitalismo. Ellos consideraban que los males de la sociedad se debían al sistema capitalista. Para ellos, el industrialismo en las manos de hombres sin escrúpulos provocaba todos los males de las ciudades. Pero igual como los otros experimentos, este llegó a su fin.

Otros, como Ann Lee, identificaron el sexo como la fuente de todos los males de la sociedad. Estos gravitaron a las enseñanzas de Ann Lee que en1774 había comenzado a predicar que el mundo pronto llegaría a su fin y que el pecado había entrado al mundo a través del sexo. Entre 1820-1840 los Shakers, seguidores de Ann Lee, gozaban de unos 6,000 simpatizantes en ocho de los estados del noreste. Estas comunidades practicaban el celibato y esperaban el fin del mundo.

A este mundo revolucionado por tormentas de cambios llegó la familia de Elena a uno de los barrios más pobres de Portland. Como gran parte de los recién llegados a la ciudad, la familia Harmon, tuvo que conformarse con una vivienda de gente pobre.

Junto con las inconveniencias de la vida urbana, había también ciertas ventajas. Pronto los Harmon descubrieron que en Portland la educación era para todos y era gratuita. Gracias a estas oportunidades Elena comenzó asistir a la escuela, y se entregó al aprendizaje con el mismo vigor que usaba para ordeñar a Bossy. Ella y sus hermanitas caminaban todos los días a la escuela que estaba a unas pocas cuadras de la casa que el padre alquilaba en la calle Clark, número 44.

En esta ocasión las hemanitas corrían rápidamente tratando de escapar de la ira de una de sus compañeras.

El papá de Elena no estaba en la ciudad ese día. Unos meses antes, había descubierto que podía vender sus sombreros y conseguir mejores precios por ellos en el sur de los Estados Unidos. Una docena de sombreros, vendidos en Savannah, Georgia, podía traerle al señor Harmon unos treinta dólares más que los $90.00 dólares por docena que recibía en Portland. Con la ayuda de los hijos en la producción de sombreros, Roberto Harmon podía sostener económicamente a su gran familia en la ciudad.

Elena y su hermanita tenían nueve años cuando la compañera de la escuela de Brackett Street, que las perseguía por la calle, lanzó la piedra. Sin el menor conocimiento de que la piedra viajaba por el aire hacia ella, Elena volvió la cabeza para ver cuan cerca se hallaba su perseguidora. Al mirar Elena hacia atrás, la piedra se estrelló contra su nariz.

Años más tarde, Elena comentaba;

"Cuando me di vuelta, la piedra me pegó en la nariz. Caí inconsciente. Cuando me reavivaron me encontré en la tienda de un comerciante. La sangre chorreaba de mi nariz, mi ropa se hallaba cubierta de sangre, y había un grande charco de sangre en el piso." (Spiritual Gifts Tomo II pag.7)

Uno de los clientes de la tienda ofreció llevar a la niñita y sus hermanas a casa en su coche de caballos. Pero Elena temió manchar el vehículo con sangre y se negó aceptar el favor. Elena no tenía conciencia de cuánto daño la piedra le había provocado, o cuán debil se hallaba. Trató de caminar a casa, pero se desmayó y tuvo que ser cargada por sus dos hermanitas.

Lo más doloroso para Elena ocurrió unos días después del incidente, cuando el papá llegó de su viaje de negocios. La niñita no había podido salir de la cama. Todo su cuerpo se había debilitado y el daño era irreparable. La nariz quedo torcida. Un médico sugirió que podría implantar un alambre en la nariz para rectificarla. Pero explicó que el dolor sería casi insoportable, ya que la anestesia no se conocía en esos días. Cuando el papá entró a la casa, no reconoció a su hija. Elena nunca olvidó ese doloroso momento;

"Cuando él volvió, saludó a mi hermano y a mi hermana, y preguntó por mí...... Se le hizo muy difícil creer que yo era su Elena. Esto hirió mi corazón; pero yo traté de dar la apariencia de alegría, cuando en realidad mi corazón dolía.......(Spiritual Gifts Tomo II pág.10)

Capítulo 4

Cuidado con los Médicos

La insistencia de la madre forzó a Elena a probar una vez más. La pequeña intentó levantarse de la cama para tomar un poquito de caldo. El olor del alimento calientito llenó el cuarto con un aroma sabroso mientras que el vapor del plato ascendia de la cama. Pero Elena no tenía las energías para gozarlo. En su cara deformada palpitaba el dolor. Sus ojos oscuros brillaban. Con cada movimiento de su rostro la cara de Elena gritaba, agonizando, buscando alivio.

Elena no tenía fuerza para levantarse de la cama. Con esfuerzo Elena intentó una vez más pero sus energías desfallesían, y no pudo levantarse. Elena quería obedecer a la mamá y tomar el caldo pero las fuerzas de su cuerpo no eran suficientes.

"No puedo mamí", exclamó la niñita. Lágrimas

comenzaron a formarse en sus ojos.

Era difícil aceptar que esa Elena, postrada ahí, en la cama, era la misma que unos días antes corría por las calles de Portland, observando y aprendiendo de toda la actividad que la ciudad generaba. Hasta ese punto en su vida Elena había vivido enamorada de la vida, llena de energía, deseosa de aprender, entusiasmada con todas la oportunidades que brindaba la ciudad de Portland.

Pero el accidente lo trastornó todo. Elena, una vez llena de vida, se transformó en una criatura solitaria, con miedo de salir de la casa por temor que alguien le viera la cara. El cuerpo de Elena perdió toda su vitalidad, y las esperanzas y los sueños de la niña comenzaron a desaparecer.

El doctor visitó la cama de Elena y declaró que sufría de "consunción". Literamente la palabra se refiere a un mal degenerante. Pero en realidad el término revela, el estado triste de la medicina de la época. Los doctores usaban el término "consunción" para señalar enfermedades que ellos simplemente no sabían sanar.

La medicina en el noreste de los Estados Unidos apenas gateaba en pañales. La mayoría de los remedios y las ideas referentes a la salud aferraban sus raices en la ignorancia y la superstición. Los médicos, muchos de ellos peluqueros, adolecían de una deficiencia alarmante de preparación profesional. Una minoría de ellos tenían preparación formal y la mayoría usaba métodos y recetaban medicinas que mezclaban la superstición con la ignorancia.

Una de las creencias más populares en los tiempos de Elena argumentaba que el aire de la noche era dañino y peligroso. Por esa razón las ventanas y las puertas de todas las casas se cerraban para no permitir la entrada de aire fresco a la casa. Es fácil imaginarse los olores y los microbios que pelulaban en esos hogares durante las horas de la noche. Especialmente en los hogares donde todavía se acostumbraba que las gallinas, los perros y los gatos durmieran en la casa. Más de una persona debe haberse enfermado o empeorado por el sencillo hecho de no tener aire fresco que respirar.

Otro supuesto enemigo de la salud era el sol directo. Muchos hogares y casas se mantenían oscuros día y noche. Cortinas largas impedían la entrada de la luz directa a los cuartos de los hogares. Sin la luz del sol la oscuridad auspiciaba la multiplicación de microbios y enfermedades, ayudando a la propagación de todo tipo de enfermedad.

A esas costumbres peligrosas, basadas en la ignorancia, se puede agregar los terribles hábitos referentes a la alimentación. La mayoría de los norteamericanos seguían un regimen que casi aseguraba un cuerpo enfermo y débil. El promedio de vida en los Estados Unidos a mediados del siglo 19, era menos de 39.4 años de edad. La grasa, y la carne de puerco se habían convertido en el plato nacional. Ese plato mantenía a los estómagos de la gente trabajando a todas horas del día y de la noche.

Elena, como vivía en un hogar humilde no probaba muchas de las comidas que la gente de dinero podía comprar. Eso, muy a menudo, fue una bendición. Otra bendición fue que la familia no tenía dinero para llamar médicos que experimentaran con la niña.

Algunos médicos de la época recetaban fuertes soplos de humo de tabaco en el oído para aliviar los dolores de oído. Otros mandaban a sus pacientes que mantuvieran papas cortadas en sus bolsillos para curar la artritis. A los calvos se le pedía que lavaran sus cabezas con agua, jabón y una mazorca de maíz hasta que la piel se les pusiera roja, y luego seguir el tratamiento frotándose la cabeza con una crema hecha de pólvora y miel. A los que les sangraba la nariz los médicos les pedían que masticaran un periódico o tomaran una moneda y la mantuvieran en la boca por varios minutos. A los pacientes que se les había diagnosticado haber perdido la mente se les hacía mantener su cabeza debajo un chorro de agua hasta que ya no pudieran aguantar. Los que sufrían de dolor de ojos debían mezclar sulfato de zinc con pólvora en un vaso de agua, y untar la mezcla en sus ojos tres veces al día por una semana.

Leer algunas enciclopedias médicas de la época de Elena es pasar unos buenos ratos riéndose. Algunas de las enciclopedias más populares de la época eran; The Indian Doctor's Dispensary, 1813 [El Dispensario del Doctor Indio], The Family Medicine-Chest Dispensary, 1837 [El Dispensario de Medicina Familiar], y The Family Medical Advisor, 1847 [El Consejero Médico de la Familia]. Lo triste es que muchos enfermos, en su desesperación por sanarse, seguían muchas de las recetas de estas publicaciones y lo único que lograban era agravar su enfermedad. Generalmente los pobres y los que vivían en el campo no podían darse el lujo de visitar a un médico y por lo tanto acudían a estas publicaciones.

Algunos médicos a principios del siglo 19 todavía recordaban cuando en los Estados Unidos no había ni un hospital. Cuando Elena nació solamente había cuatro escuelas de medicina, con un alumnado de 2,000, en los Estados Unidos, que en esos días tenía una población de 12 millones. Ese número de alumnos de medicina era exageradamente bajo, especialmente cuando uno considera el estado de salud de la nación a principios del sigle XIX.

La ignorancia referente a la salud era especialmente notoria en la forma de vestir. Las mujeres se ceñían con cintos tan apretados que con mucha frecuencia caían desmayadas por no tener suficiente circulación de sangre en el cuerpo. En una ocasión, después que murió una paciente, un médico descubrió que su riñón había sido cortado por la mitad por el cinturón tan apretado que ella lucía.

La ignorancia sobre la salud era especialmente notoria en la literatura científica. La primera revista dedicada exclusivamente al estudio de la medicina apareció en 1812, unos pocos años antes que Elena naciera. Esa revista, New England Journal of Medicine and Surgery [La Revista de la Nueva Inglaterra de Medicina y Cirugia] se convirtió, eventualmente, en el periódico más antiguo y prestigioso dedicado exclusivamente al estudio de la medicina, de los Estados Unidos. Pero ese periódico demoró años hasta que se pudiera decir que publicaba artículos verdaderamente científicos.

Existían dos escuelas populares que dominaban el pensamiento de la época en lo relativo a la medicina. La primera era la escuela del Dr. Gallup que inisistía que las enfermedades eran el resultado de mucha sangre en el cuerpo. En otras palabras la abundancia de sangre producía inflamaciones y fiebres. Para curar el cuerpo, esta escuela argumentaba que era necesario sacarle sangre hasta que la fiebre desapareciera.

Así fue como los médicos mataron a Jorge Wáshington, el primer presidente de la nación. Llegaron a la conclusión de que el presidente tenía mucha sangre en el cuerpo y comenzaron a sacársela. Pasaron las horas pero la fiebre no bajaba. Le sacaron casi un litro antes que falleciera.

La otra escuela creía fielmente en el uso de

drogas tóxicas. La filosofía era que al introducir esas drogas al cuerpo, éste automaticámente reaccionaría contra ellas curando cualquier enfermedad que tuviera el paciente. Cientos de pacientes sobrevivieron con enfermedades prolongadas por semanas y meses gracias al uso de estas drogas.

El opio, la heroína, y una combinación de ácidos y distintos venenos se utilizaban con mucha frecuencia para enfermar y a veces matar a los pacientes. John N. Loughborough, un ministro de la época, cuenta que a los 8 años de edad él vio como los doctores le negaron aire fresco y agua fría a su padre en el lecho del dolor. Tambien comenta cómo le recetaron drogas fuertes hasta que el padre murió.

No fue sino hasta 1855 que un hospital se estableció en la ciudad de Portland. En esos días uno podía estudiar medicina en Bowdoin College a unos 41 kilómetros al sur de la ciudad de Portland. El título de doctor en Medicina, que daba Bowdoin College en esos años consistía en un curso de 3 meses, la presentación de una tesis, y un examen final. Este breve curso representaba lo mejor de la época en estudios de medicina en los Estados Unidos.

No todas las ideas sobre la salud que circulaban en los Estados Unidos de Norteamérica en los días de Elena, dañaban el cuerpo humano. En 1839 Mary Neal Gove llegó a la ciudad de Portland y dio una serie de charlas sobre la salud. Ella era una discípula del Dr. Graham, un reformador que predicaba el vegetarianismo, la moderacion en comer, y prohibía el uso de tabaco y drogas. Sin embargo, para poder escuchar la charla de Mary Neal Gove uno tenía que pagar un dólar y solamente mujeres podían asistir. Después de sus charlas muchas de las damas que asistieron criticaron las presentaciones, arguyendo que eran indecentes.

En una de las charlas Mary Neal Gove había demostrado los peligros de los corsé, una pieza de ropa tan apretada que causaba daño al cuerpo. Con mucha frecuencia las damas que las usaban se desmayaban por falta de aire.

Para muchos estas extrañas ideas reformistas que comenzaban a circular en los Estados Unidos eran consideradas nociones de fanáticos. Y muy pocos practicaban lo que los tales fanáticos predicaban. Consecuentemente, aunque algunas de estas ideas hubieran mejorado la salud de millares, la mayoría de los habitantes seguían practicando costumbres de vestir y comer que destruían su salud.

Si bien algunos reformadores de la salud comenzaban a enseñar principios positivos en los días que Elena sufría en la cama, era muy difícil distinguir entre lo que era saludable y lo que era ignorancia y superstición. Una madre sabia, la pobreza, y el amor de un hogar unido rescataron a Elena de muchas de las medicinas, consejos, y médicos de la época.

Cuando Elena cayó en la cama, agotada, con su energía totalmente minada, la madre insistió que ella tomará un poco de caldo. Gracias a la insistencia de la madre, Elena siguió luchando contra la muerte por varias semanas.

El cuidado de la mamá y las atenciones de los hermanitos transmitieron salud a Elena. Pero el proceso fue lento. En varias ocasiones trató de volver a la escuela pero sus escasas energías no le permitieron continuar con sus estudios. Ya no podía salir a jugar con sus amigos como lo hacía antes. Las miradas de lástima, de amigos de la familia y familiares, quebrantaban su corazón forzándola a huir del público para que nadie la viera.

Un día, después del último intento que Elena hizo

de asistir a la escuela, la maestra de Elena llegó a la casa. Habló por mucho tiempo con la mamá y le acosejó que mejor mantuviera a Elena en el hogar ya que el ir de vez en cuando a la escuela no tenía ningún objeto. La maestra argumentó que la hija no lograría alcanzar a los otros niños en las tareas y sólo se frustraría. Consecuentemente el afán que Elena acarició por muchos años de recibir una educación, de poder aprender más, de leer libros y conocer más del mundo que la rodeaba llegó a un fin abrupto. Y Elena tuvo que aceptar que nunca más volvería a la escuela.

Capítulo 5

El Fin del Mundo

Unos años antes que la piedra se estrelló contra la nariz de Elena, en las calles de Portland, ella y su hermana Sara caminaban por la vereda. Por la calle transitaban jinetes y carrozas tiradas por caballos. Los productos de regiones lejanas bajaban y subían sobre las espaldas de los estibadores que trabajaban cargando y descargando los barcos en el puerto. Comerciantes y vendedores de Canadá, Boston y Nueva York llegaban a la ciudad semanalmente. Por las veredas, los compradores de la tarde se paseaban mirando los productos en las vitrinas.

Mientras Elena caminaba vió en una esquina tirado detrás de un poste, un pequeño periódico que captó su atención. Lo recogió y mientras caminaba comenzó a hojearlo y mirar los dibujos y artículos. Uno de estos de un autor inglés, argumentaba que en 30 años el mundo llegaría a su fin. Elena quedó fascinada con lo que leía. Esa idea resonó con la potencia de las sirenas de las fábricas que iniciaban y terminaban el día de trabajo en la ciudad de Portland, despertando la curiosidad de Elena:

"¿El fin del mundo?"

La idea de que el mundo llegaría a su fin no era algo nuevo. Desde el terremoto de Lisboa en el siglo anterior, y la Revolución Francesa unos años después, en 1789, la idea de que el mundo llegaría a su fin aparecía con mucha frecuencia en periódicos, libros y discusiones en Europa y las Américas. En Inglaterra, un libro de un Jesuíta chileno, el padre Lacunza, se había traducido al inglés causando mucho interés en el tema.

Al llegar a casa Elena comenzó, como una ametralladora, a balazear a su madre con preguntas sobre el fin del mundo.

-¿Porqué se va a terminar el mundo?

-¿Y cómo va a suceder?

-¿Y qué va a pasar con toda la gente?

Elena, fascinada por la noción de que el mundo llegaría a su fin, no dejaba a la madre tranquila. El tema la intrigó. Continuó insistiendo ante su madre por casi una hora con sus preguntas sobre qué sucedería cuando el mundo llegara a su fin. Pero como la vida de Elena abundaba con actividades, juegos, y proyectos con los compañeros y amiguitos, después que la madre contestó sus muchas preguntas, Elena abandonó el tema y dejó de preocuparse.

Después del accidente, sin embargo, la idea que el mundo llegaría a su fin comenzó a tomar una prominencia singular en el pensamiento de Elena.

Como ella pasaba mucho tiempo sola, acostada o sentada sin la compañía de sus hermanitos que asistían a la escuela, la niña ocupó mucho de su tiempo pensando en el tema. La idea inyectó miedo y terror en su vida. Elena temía que el mundo llegaría a su fin y ella no estaría preparada para ir al cielo.

Elena reflejaba, en su pensar infantil, ideas que abundaban en los Estados Unidos en esos años. Miles de estadounidenses, durante esa época, participaron en un reavivamiento nacional que los historiadores de los Estados Unidos conocen como el "Segundo Gran Despertar". La influencia de este despertar religioso fue tan potente que los protestantes de los Estados Unidos lograron aumentar el número de creyentes en forma sorprendente y amasar así un poder increíble en la nación. Tan poderoso fue el impacto del movimiento durante esos años que los protestantes comenzaron a determinar la forma y dirección de la cultura de la nación.

El movimiento protestante durante la juventud de Elena creció con una rapidez sorprendente. Ya para 1860 había más de 38.000 iglesias en los Estados Unidos, es decir una iglesia por cada 608 personas en la nación. Desde 1832 hasta 1854 la población de la nación creció 88% y el número de pastores protestantes creció 175%. Para 1855, de una población de 27.000.000, más de 4.000.000 de personas mantenían su feligresía en las iglesias protestantes.

DeTocqueville, un observador Francés que visitó los Estado Unidos durante esos años, aseveró que en ninguna otra parte del mundo él había observado la potente influencia que el cristianismo tenía sobre la población y la cultura de una sociedad. Donde quiera que uno iba los norteamericanos participaban en reuniones y reavivamientos religiosos. Centenares de grupos religiosos florecían y daban inicio a una cantidad innumerable de instituciones religiosas.

El "Segundo Gran Despertar" comenzó en el sur de la nación en los colegios de Hampden-Sidney y Wáshington en 1787. De ahí salieron más de 30 jóvenes que se prepararon para el ministerio y comenzaron a trabajar en los estados de Kentucky, Tenesi, Carolina del Norte y Carolina del Sur. En 1802 ocurrió un reavivamiento similar en el Colegio de Yale en New Haven, Connecticut, donde una tercera parte del alumnado profesó una conversión religiosa. De estos reavivamientos religiosos apareció el "Camp Meeting", que era una reunión religiosas al aire libre con cantos, testimonios, y demostraciones emocionales.

Hasta la década comprendida entre los años 1820 y 1830 el reavivamiento había estado en las manos del clero protestante. Pero con la aparición de Charles Finney, un abogado de Adams [Nueva York], el reavivamiento tomó un tono más intenso y popular. Las mujeres, que no habían tenido el permiso de participar, anteriormente, en los cultos protestantes de la nación fueron animadas por Finney a que se pusieran de pie y dieran testimonios públicos. Muchos de los pilares del movimiento protestante se escandalizaron al ver que en los cultos las mujeres hablaban en público, ya que en el Nuevo Testamento Pablo había instruido a las mujeres de la comunidad cristiana diciendo que no hablaran en las reuniones públicas.

El Rev. Layman Beecher, uno de los pilares del mundo protestante en Boston, vio los escándalos de Finney como una señal de que el diablo estaba envuelto en los reavivamientos. Lo que más espantó la ira de Beecher era que Finney trataba a las mujeres como si tuvieran almas.

Fueron los protestantes los que inspiraron los grande movimientos de reforma social de este período.

La gran mayoría de los colegios y escuelas secundarias de la época funcionaban dirigidas por el clero protestante. Los movimientos de reforma en educación, temperancia, abolición de la esclavitud, y en casi todas las áreas de la vida fueron originados o dirigidos por pastores o laicos del movimiento protestante.

Durante esos días surgieron muchas sociedades voluntarias que comenzaron a producir literatura e imprimir Biblias, que llegaron a todos los rincones de la nación y eventualmente a todo el mundo.

Las Sociedes Bíblicas, que hasta hoy siguen imprimiendo millones de Biblias anualmente, nacieron en esta época. Muchas sociedades misioneras se establecieron, y lograron enviar misioneros a todos los rincones del planeta. Las Sociedades de temperancia iniciaron la causa contra el uso del alcohol con una potencia tan efectiva que antes de un siglo lograrían pasar leyes contra el uso del alcohol en el Congreso de la nación. Sociedades contra la esclavitud tomaron posiciones condenando el uso de hombres como animales. Miles y miles de ciudadanos participaban de estas reformas y asistían a campamentos de reavivamiento espiritual.

Mientras que entre la gente pobre y los inmigrantes florecieron el reavivamiento religioso y las reformas sociales, las clases más adineradas y muchos de los intelectuales no participaron, demonstrando su disgusto con tanta emoción en reuniones públicas. Muchos encontraban repugnante la idea del infierno y un castigo eterno, que muchos pastores predicaban del púlpito. Otros miraban a los campamentos de reavivamiento espiritual como el producto de la ignorancia y la superstición de la gente pobre.

Nunca antes en la historia del cristianismo, con excepción del siglo primero, había surgido un espíritu tan voluntario en el movimiento cristiano como sucedió durante los años de la juventud de Elena. Las iglesias cristianas de Europa; (Inglaterra, Francia, y Alemania por ejemplo) eran todas instituciones del estado. Pero en los Estados Unidos durante este "Segundo Despertar" las iglesia cristianas lograron solidificar una separación absoluta entre la religión y el estado.

El fervor protestante, que florecía especialmente en las ciudades, logró encender una intensa fricción entre los protestantes y los católicos. La situación empeoró con la llegada de millones de inmigrantes europeos, un gran porcentaje de los cuales eran católicos irlandeses y alemanes. La aparición de estos campesinos intensificó el odio y el desprecio de los norteamericanos protestantes contra la Iglesia Católica. Este nuevo grupo de inmigrantes, que en su mayoría eran pobres, inflamó la tensión entre ambos bandos religiosos.

Con el tiempo los protestantes comenzaron a pintar a los católicos como parte de un complot mundial diseñado a tumbar la democracia protestante de los Estados Unidos. Los pastores de las iglesia protestantes predicaban con mucha frecuencia contra el peligro papista. En parte la fascinación protestante con la temperancia emanaba del hecho que los católicos no tan solo no hablaban contra el alcoholismo sino también usaban vino en su servicios religiosos.

Este ambiente nacional, profundamente religioso, intensificó los temores que ya habían inundado la personalidad de Elena. A ella no le gustaba salir al público por temor a las miradas que su cara atraía. No le gustaba estar con otros niños temiendo que se dieran cuenta de su debilidad. El temor al mundo que la rodeaba y el terror que suscitaba la idea de que el mundo llegaría a su fin consumió la vida de Elena.

En la soledad de su hogar, la joven tuvo que aprender a vivir con sus pensamientos.

Un día llegó a casa de Elena la noticía que un evangelista llamado Guillermo Miller visitaría la iglesia de la calle Casco y hablaría del fin del mundo. El tema, que ya ocupaba gran parte del pensamiento de Elena, resucitó una serie de incógnitas en su mente, decidió asistir a las charlas. La curiosidad despertó en ella tremendos deseos de saber más de este asunto, especialmente saber si la Biblia decía algo del tema.

La fama de Guillermo Miller ya había llegado a Portland. Los periódicos de la región habían informado acerca de sus ideas y de los eventos en los cuales él había participado en varias ocasiones en distintas ciudades del Estado. Lo que Miller predicaba sobre el fin del mundo provocaba debates y controversias en muchas de las iglesias en el noreste de los Estados Unidos, incluyendo la congregación a la cual pertenecía Elena y su familia.

Una de las razones por que las ideas de Miller encontraron tanta oposición emanaba del hecho que Miller no había tenido una educación formal. Nació en Low Hampton, New York y después de una breve carrera militar durante la guerra de 1812, Miller se dedicó a trabajar la tierra. Durante esos años, desarrolló sus ideas con solamente una Biblia y una concordancia. A los eruditos, los que habían estudiado en los seminarios de la nación, les era difícil aceptar que un granjero, sin educación formal, fuera un maestro de la Biblia.

Elena Harmon por supuesto, no entendía nada de esto. En la familia Harmon todos eran miembros de la iglesia Metodista de Chestnut Street, en Portland. Bajo la instrucción de varios pastores que pasaron por esa iglesia, Elena recibió su primera instrucción religiosa. El papá de Elena era un miembro prominente de la congregación. Y la familia asistía regularmente a los servicios.

La Iglesia Metodista, en los días que Elena recibió su formación religiosa, pasó por diversas tormentas que mantenían a la congregación agitada con los vientos de la controversia. Uno de los tópicos que se debatía era el uso de instrumentos musicales en los servicios de adoración. Un bando insistía que no era la voluntad de Dios que se usara el órgano en los servicios, mientras que el otro bando insistía que el órgano auspiciaba y fomentaba el espíritu de adoración.

Sin duda la controversia más grande en los días de Elena giraba en torno a la esclavitud. Un bando de la Iglesia Metodista de los Estados Unidos insistía que tener esclavos y defender la esclavitud era la voluntad de Dios. Usaban textos bíblicos para justificar el uso de esclavos. Encontraban apoyo en los escritos del Profesor Thomas R. Drew del Colegio William and Mary que argumentaba que la esclavitud había sido usada desde los inicios de la historia para adelantar la civilización. Incluso varios pastores Metodistas en el sur de los Estados Unidos mantenían esclavos en sus hogares incluyendo el Obispo de la Iglesia en el sur del país.

El otro bando argumentaba que la esclavitud no era sancionada por Dios y por lo tanto un verdadero cristiano no debía, bajo ninguna circunstancia, participar en tal institución. Esta controversia rugía en la Iglesia Metodista cuando Elena comenzaba a captar las ideas y las posiciones que tomaban los adultos.

Los argumentos que florecían en las iglesias de Portland y que más afectaron a Elena surgieron en torno a las ideas y enseñanzas de Guillermo Miller. Algunos de los miembros insistían en que Miller era un fanático que no merecía la atención de un buen metodista. Otros fueron a escucharlo cuando llegó a Portland, y apoyaron su interpretación de la Biblia. Entre los metodistas que visitaron las conferencias de Miller, contra la voluntad del pastor de la iglesia, estaba la familia Harmon, incluyendo a Elena.

La primera visita de Miller a Portland tuvo lugar en Marzo de 1840, cuando Elena tenía 12 años. Su llegada produjo una gran sensación. Los simpatizantes llegaron no tan solo de la ciudad, sino que también viajaban de los pueblitos, aldeas y granjas vecinas a Portland. La gente del campo llegaba en la mañana y se quedaba todo el día en Portland para escuchar a Miller.

Elena esperó con mucho entusiasmo la llegada de Guillermo Miller y quedó favorablemente impresionada con su estilo de presentar las enseñanzas de la Biblia. Su sencillez y forma atrayente de presentar el tema cautivó la atención de Elena. Miller usaba un método que llevaba a los que escuchaban de texto en texto, exponiendo su posición central según la cual Jesús volvería a la tierra por segunda vez en 1843. Atentamente la joven siguió con su Biblia los argumentos de Miller y salió de las conferencias convencida de que Miller estaba en lo recto.

No solo Elena quedó impresionada por Miller, sino también muchos de los residentes de Portland que lo escucharon. Aceptaron entusiasmados la noticia de que Cristo volvería por segunda vez a la tierra en 1843. Elena escribió años más tarde sobre estos eventos:

"Una terrible convicción se esparció por toda la ciudad. Se establecieron reuniones de oración, y ocurrió un reavivamiento entre todas las denominaciones, porque todos sintieron en mayor o menor grado la influencia que viene de las enseñanzas de la cercana venida del Señor." (Life Sketches pág. 37)

Miller predicaba dos o tres horas sin parar y dejaba a sus oyentes casi hipnotizados con su mensaje. Aunque sus presentaciones eran serias, el granjero de Nueva York, que había estudiado solo la Biblia, sin preparación formal, tenía un sentido del humor que de vez en cuando producía sonrisas en sus oyentes. La iglesia de Casco Street se llenaba de personas de todas las denominaciones. Por trece días Miller predicó en Portland y Elena fue a todas las reuniones a las cuales sus padres le permitieron asistir. Cuando no podía ir toda la familia, Elena iba con su hermano Roberto.

En el verano de 1842 Elena visitó con su familia un campamento metodista en Buxton, Maine. Los sermones que ella escuchó en esa ocasión la convencieron que debía entregar su corazón al Señor. La mala salud de Elena, y el temor de que pronto llegaría el fin del mundo la mantenían en un estado de tensión y angustia. Temía que el mundo llegaría a su fin y ella no estaría preparada. En el campestre recibió palabras de alivio que tocaron su corazón brindándole tranquilidad y paz.

Unos días después de volver del campamento Elena fue aceptada provisionalmente como miembro de la Iglesia Metodista. Y el 26 de junio de 1842, un domingo de tarde la feligresía provisional de Elena se hizo permanente al ser bautizada por imersión en la bahía Casco, en el Océano Atlántico.

Capítulo 6

El Gran Chasco

Después de su conversión en 1840, Elena dedicó la mayor parte de su tiempo y energía preparándose para la Segunda Venida de Cristo. Aunque Elena tenía solamente 12 años, las ideas de Miller, como si fueran vitaminas inyectaron nueva energía en su cuerpo. La esperanza de que Jesús volvería pronto le añadió vida y vigor a su vida. Las ideas de Miller fueron como medicina para el organismo de Elena . Pronto ella leía por períodos prolongados sin cansancio. Salía frecuentemente a visitar amigos y participar en reuniones hogareñas. Su apetito tomó nuevo vigor. Y las sonrisas comenzaron a aparecer con más y más frecuencia en su cara.

El estado enfermizo provocado por la piedra que

su compañera le había tirado y probablemente también por los vapores de mercurio que tenía que oler en su casa a diario, ya que su padre usaba esas sustancias para fabricar sus sombreros, comenzó a disminuir lentamente. La herida en la cara desapareció. Y aunque los efectos de ese golpe dejarían su marca por muchos años Elena comenzó a tomar más y más control sobre su vida. Los temores de que alguien la viera desminuyeron, y comenzó a socializar con los amigos de la familia con más facilidad.

Elena, con sus nuevas fuerzas, mantuvo a través de periódicos, folletos y noticias orales que le traían sus amistades, un interés activo en las ideas del movimiento milerista. Después que Guillermo Miller dio un ciclo de conferencias en Portland, su fama comenzó a crecer en el noreste de la nación. Miles de laicos y muchos pastores aceptaron sus ideas. Periódicos que reportaban los eventos relacionados con la Segunda Venida de Cristo aparecían frecuentemente en Portland. Los sermones de Guillermo Miller y los otros líderes del movimiento milerista muy amenudo llegaban a las manos de Elena.

Las ideas de Miller comenzaron a popularizarse gracias al trabajo de Josué V. Himes que publicó el primer periódico del movimiento milerista, "Las Señales de los Tiempos"(The Signs of the Times). En la primera mitad del siglo XIX florecieron en todas las ciudades las imprentas que editaban periódicos. Con el crecimiento de las poblaciones urbanas los periódicos o diarios comenzaron a popularizarse en toda la nación. Los negocios nuevos que aparecían en las ciudades utilizaron el periódico para anunciar y vender sus productos. Como resultado, la circulación del periódico como instrumento para propagar las noticias y los productos de comerciantes y fabricantes aumentó dramáticamente en la primera mitad del siglo XIX.

Los mileristas aprovecharon este fenómeno. El éxito que tuvo la publicación "Señales de los Tiempos" en propagar las ideas del movimiento, inspiró a Himes a publicar una serie de periódicos adicionales. Algunos de ellos fueron "El Clamor de Media Noche" (The Midnight Cry) en la ciudad de Nueva York, "La Trompeta de Alarma" (Trumpet of Alarm") en la ciudad de Filadelfia, "La Segunda Venida de Cristo" (The Second Advent of Christ) en Cleveland, "La Voz de Elías" (The Voice of Elijah) en Montreal, Canadá.

En unos pocos meses surgieron más de cuarenta periódicos mileristas en el norte de los Estados Unidos. Estas publicaciones, en contraste con los periódicos noticieros de casi todas las ciudades que velaban por los intereses de las clases adineradas de la nación, tuvieron un efecto democratizante sobre la población del noreste de los Estados Unidos. Por ejemplo, los intereses de la mujer aparecieron como foco de atención en varias de estas nuevas revistas. Incluso se publicaron periódicos dirigidos especialmente a las mujeres del movimiento; por ejemplo, "El Mensaje del Advenimiento para las Hijas de Sion" (The Advent Message to the Daughters of Zion) editado por Clorinda S. Minor y Emily C. Clemons. Todo esto ocurre en los Estados Unidos, a mediados del siglo XIX cuando aún no había aparecido la idea de que la mujer debía recibir la misma educación y los mismos privilegios que tenía el hombre.

Sin duda Elena vio y leyó algunas de estas publicaciones. ¿Quién sabe si la idea de que la mujer puede escribir y editar un periódico impactó su pensar? Muy probable ella se mantuvo al día con las noticias del movimiento por medio de estos periódicos que circulaban entre los mileristas de Portland.

Es posible que Elena haya leído en los periódicos mileristas noticias de nuevas calculaciones en torno a la fecha que Jesús volvería a la tierra. Inicialmente por insistencia de Josué Himes, Miller comenzó a predicar que Jesús volvería en 1843. Pero unos meses antes de la esperada fecha salió una nueva interpretación. La nueva idea argumentaba que la venida del Señor no sería en 1843 sino en la primavera de 1844.

Elena, al enterarse de las revisiones volvió al estudio de la Biblia para confirmar si estas nuevas interpretaciones encontraban apoyo en el texto bíblico. Eventualmente Elena aceptó las nuevas teorías. Con el pasar de los días Elena aceptó la esperanza milerista de quienes anhelaban la llegada de Jesús el 21 de marzo de 1844 y trató de convencer a otros de lo mismo.

A medida que el día se acercaba, las actividades mileristas aumentaban. En la ciudad de Boston los dirigentes del movimiento organizaron su centro de operaciones y a menudo realizaban conferencias generales. Las reuniones en los hogares de Portland tomaban un tenor de anticipación como nunca antes. El número de personas que llegaban a los hogares seguía en aumento. Elena y sus amigos hablaban solamente de la llegada de Jesús. Muchos de los creyentes dejaban sus trabajos, y abandonaban sus tareas diarias, para contarles a otros de ese día.

No todos en el noreste de los Estados Unidos veían la esperanza de los mileristas con la misma anticipación. Muchos se burlaban. A medida que se aproximaba la fechas un número cada vez mayor de periódicos comenzaron a comentar sobre el asunto. El 2 de marzo de 1843 el diario "Tribune" de Nueva York dedicó casi todo el espacio a informar sobre Miller y sus seguidores, refutando todo lo que el movimiento milerista enseñaba. Famosos personajes literarios como el poeta Edgar Allan Poe, y los escritores Nathaniel Hawthorne, y John Greenleaf Whittier comentaron sobre el movimiento milerista con cierto sarcasmo.

Los avisos de muchos productos en los periódicos y revistas de la época usaron la burla hacia Miller y sus seguidores para aumentar sus ventas. Un vendedor de cigarros inició un aviso titulado "El Segundo Advenimiento" para animar a sus clientes a comprar y gozar de un buen cigarro antes que llegara el Advenimiento. Cuando los mileristas pasaban por las calles no faltaba alguien que les gritara insultos y burlas.

Pero a Elena ya no le importaba lo que otros decían. El día se aproximaba y pronto llegaría el minuto en el cual Jesús aparecería para poner fin a todo los dolores que ellos habían tenido que soportar.

Cuando amaneció la mañana del 21 de marzo de 1844, millares de hombres, mujeres y niños en el noreste de los Estados Unidos se levantaron con la esperanza de que ese sería el último día de la historia. Jesús llegaría y llevaría a todos los escogidos al cielo. Para Elena era un día como ningún otro, el día más importante de su vida. Este era el día que los cristianos habían esperado por generaciones. Desde el día cuando Jesús se despidió de sus discípulos en el siglo primero, la comunidad cristiana anhelaba y esperaba este evento.

Los minutos pasaban y ella confiaba que este sería el día esperado. Cuando la tarde comenzó a llegar a su fin y el sol comenzó a desaparecer detrás de los pinos en las colinas, muchos de los creyentes comenzaron a tener sus dudas. Algunos siguieron con la fe ardiendo aun después que se oscureció. Pero ya en la noche el desánimo comenzó a apoderarse de Elena y sus amigos.

El día llegó y pasó y Cristo no volvió.

El chasco desanimó y destruyó la fe de miles de los mileristas que habían anhelado la llegada de Jesús. Algunos sencillamente pararon de leer la Biblia y asistir a las reuniones hogareñas. Otros avergonzados volvieron a las iglesias que habían integrado anteriormente. Muchos de los mileristas abandonaron las ciudades y se unieron a las comunidades de los "Shakers". Estas comunidades, que habían estado disminuyendo en número ya que practicaban el celibato, recibieron a centenares de los mileristas decepcionados.

Sin embargo para algunos, el chasco los impulsó a volver a la Biblia y tratar de entender lo que había sucedido. ¿Por qué se habían equivocado? ¿Cuál fue el error? ¿Qué fue lo que no entendieron bien? Este grupo, que optó por tratar de comprender lo que había sucedido, comenzó a estudiar con un interés renovado. Ellos siguieron convencidos que Jesús no tardaría en volver. Volvieron a la Biblia para ver dónde había fallado su interpretación de la Bíblia.

Al estudiar la Biblia una vez más, el Santuario judío, en el Antiguo Testamento, fue adquiriendo creciente importancia en la mente de los que seguían creyendo. Descubrieron que el Santuario se limpiaba anualmente en la fiesta de la Pascua. Y la Pascua, de acuerdo al calendario judío se celebraba en el mes de octubre. Esto llevó a los creyentes a la conclusión de que Jesús volvería a la tierra, no en marzo como lo habían creído, sino el 22 de Octubre de 1844.

Esta nueva interpretación comenzó a circular en las comunidades mileristas. Cientos de grupos comenzaron a estudiar nuevamente la Biblia para ver si los nuevos argumentos encajaban con las enseñanzas de la Biblia. Elena, cuyo ánimo había estado tambaleando con el primer chasco, renovó su espíritu. Feliz con la revisión, ella comenzó a trabajar una vez más con mayor vigor en la proclamación de la Segunda Venida de Jesús. Su ánimo, al escuchar que todavía había esperanza, brotó con una convicción potente y con el deseo de esparcir estas buenas nuevas a todas las persons que todavía no habían oído acerca de la Segunda Venida de Jesús.

La renovada convicción contagió a muchos que aún no habían escuchado hablar del mensaje de Miller. Un espíritu de solidaridad saturó a los creyentes. Elena y sus amigas reanudaron sus actividades con una poderosa convicción. Las cosas del mundo se dejaban a un lado y todos trataban de escudriñar sus pensamientos y acciones para asegurarse que estarían bien con Dios cuando Jesús apareciera por segunda vez.

Los que no creían en la venida del Señor, es decir la mayoría de los habitantes de Portland, se dividían en varios bandos. Algunos se burlaban y ridiculizaban a los que esperaban el evento. Otros no se burlaban pero miraban a estas personas con lástima. Un gran número ni siquiera tenían conciencia de lo que estaba sucediendo.

En las esquinas de Portland los burladores se reían a carcajadas y lanzaban palabras de burla al ver a los mileristas pasar a sus reuniones. Pero las miradas y los insultos de los incrédulos no desviaron o desanimaron a Elena, la cual seguía firme en su convicción.

Elena observó como se realizaban por todos lados reuniones en los hogares. Esto la llenó de ánimo y su fe se acrecentó. Ricos y pobres se reunían en las salas de sus casas, preocupados por sus familiares y seres queridos. A Beethoven Hall, en el centro cívico de la ciudad de Portland, llegaban centenares de personas todas las noches, creyentes en el advenimiento.

Ni la oposición de muchos ministros de diferentes denominaciones lograba frenar a los que asistían a esas reuniones.

Finalmente llegó el día y la multitud de fieles, entre 50.000 y 100.000 se levantaron en la mañana del 22 de octubre de 1844, ansiosos de ver la aparición de Jesús en las nubes de los cielos. Algunos buscaron lugares en las colinas alrededor de Portland pensando que podrían ver mejor el espectáculo cuando Jesús apareciera en las nubes. La anticipación y el gozo saturaba los grupos que esperaban la aparición.

La mayoría de los ciudadanos de los Estados Unidos ni sabían que este grupo de personas, los mileristas, acariciaban esta esperanza. Cuando llegó el día del suceso los periódicos locales del noreste de la nación no se refirieron siquiera al tema. Los que conocían un poco de los mileristas los consideraban un grupo de fanáticos que no merecían mucha atención. Aunque miles esperaban la llegada de Jesús en ese día, los que no participaban en el movimiento eran millones.

El 22 de octubre, pasaron las horas; transcurrió la mañana, luego la tarde, hasta que el sol se puso en las colinas detrás de la ciudad. Las últimas horas de la noche también desaparecieron. Los relojes llegaron al último minuto del día, pero Cristo no apareció. Grande y terrible fue el golpe para Elena y miles de creyentes. La joven se sentía destrozada. No podía entender por qué Dios había permitido que ocurriera algo así. Años más tarde ella escribió;

"Quedamos desorientados y chasqueados, pero no abandonamos nuestra fe. Muchos se aferraron a la convicción que Cristo no tardaría su venida. La palabra de Dios era fiel y no podía fracasar. (Life Sketches pág.185)

El llanto y las expresiones de horror se apoderaron de los fieles. Hombres maduros que habían trabajado toda su vida detrás de un arado lloraban como niños, por horas y horas. La duda infiltró la comunidad milerista y ejerció su dominio sobre ellos. ¿Estaba equivocada la Biblia? ¿Sería posible que no existiera un Dios? Hablar de un cielo ¿Sería hablar de cuentos y fantasías? ¿Eran puras fábulas las enseñanzas de Miller? Para muchos de los que habían creído en las predicciones de Guillermo Miller, y aceptado sus ideas, su esperanza, y su fe, el golpe fue insoportable. La fe de millares se derrumbó como las paredes de Jericó.

Elena escribió de ese día unos años más tarde;

"Era difícil continuar con los deberes de la vida que nosotros pensábamos haber abandonado para siempre. Fue un chasco amargo que cayó sobre el pequeño rebaño. Pero nos sorprendimos de sentirnos tan libres en el Señor, y que Él nos seguía manteniendo por su fuerza y su gracia. (Life Sketches pág. 189)

Con el chasco Elena comenzó a sentir que su salud comenzó a debilitarse. Por un tiempo sintió que la tuberculosis le pondría fin a su vida. Comenzó a perder el poder de su voz. Llegó a un punto en que casi no hablaba, y cuando lo hacía apenas se podía escuchar lo que decía. No podía acostarse en la cama sin sufrir grandes dolores. Los padres de Elena la tenían que sentar en la cama para que ella pudiera dormir. En la noche una potente toz la despertaba repetidas veces, haciendo trasnochar a sus familiares, y causándole vomitos de sangre.

En diciembre, aproximadamente un mes después del Gran Chasco, una amiga de Elena, la señora Elizabeth Haines, que vivía a pocas cuadras de distancia y que aunque era casada tenía casi la misma

edad de Elena, la invitó a quedarse algunos días con
70 ella. Las dos habían acariciado la gran esperanza de
que Jesús iba a volver el 22 de octubre de 1844. Tenían mucho que repasar y comentar sobre el chasco que habían tenido que soportar. Sin embargo ambas seguían con la convicción de que Jesús no tardaría en volver.

Capítulo 7

La Primera Visión

Cuando Elizabeth Haines abrió la puerta de su casa, en la esquina de las calles Ocean y C de Portland, tres amigas, temblando del frío, aparecieron en la entrada. El viento del Atlántico transformaba la temperatura fría de Portland a un nivel insoportable. Rápidamente Elizabeth las hizo pasar para que el calor de la casa no se escapara a la calle. Mientras las señoritas entraban, un carretón lleno de barrilles tirado por dos caballos cruzó por la esquina.

Estirando sus guantes las tres amigas se quitaron sus gruesos abrigos y lucharon por quitarse también sus botas. Eventualmente quedaron libres de toda la ropa que el frío invierno las obligaba a usar. Elizabeth colocó los abrigos en el closet de la casa. Entonces notaron que Elena estaba sentada en la sala y en sus rostros sonrisas de alegría florecieron. Saludos de cariño acompañados por abrazos y besos se repartieron entre las amigas a la vez que comentaban cuan frío estaba afuera.

Las cinco adolescentes habían experimentado muchas horas de alegría y también de amargura en los últimos meses. Juntas habían trabajado para que otros oyeran de la Segunda Venida de Cristo. Y todas habían sentido el dolor y la amargura que provocó el Gran Chasco cuando Cristo no apareció el 22 de octubre. Los rumores, las críticas y las burlas de amigos, familiares y vecinos habían dejado a las cinco señoritas desanimadas y desorientadas.

Una vez que los abrigos y la ropa de invierno desaparecieron en el closet, la conversación tomó el rumbo esperado.

"¿Qué fue lo que pasó? ¿Por qué no vino Jesús el 22 de Octubre?" preguntó Elizabeth.

Las teorías sobre lo que había sucedido o lo que no había sucedido el 22 de octubre abundaban dentro de las comunidades mileristas en los meses después de octubre. Y las cinco amigas comezaron a analizar los sucesos.

Esta reunión, en la casa de Elizabeth, era algo fuera de lo común. Cinco muchachas, que sabían leer, reunidas para analizar los eventos por los cuales pasaba el mundo. No era común porque generalmente este tipo de reunión la realizaban mayormente los varones. Hasta mediados del siglo XIX la mujer generalmente no participaba en este tipo de conversación. La mayoría de las mujeres de los Estados Unidos, una o dos generaciones antes de esta fecha ni siquiera aprendían a leer. La educación era un lujo reservado exclusivamente para los varones, los hijos de los ricos.

Las señoritas aprendían a cocinar, pero no a dialogar sobre asuntos abstractos. El único lugar donde las mujeres lograban reunirse con otras mujeres era en la iglesia, y allí los hombres dominaban en las actividades.

Pero las cosas habían estado cambiando. El número de mujeres que aprendían a leer aumentaba anualmente. Pronto comenzarían a escribir y para lograr que sus trabajos se publicaran tendrían que tomar seudónimos masculinos. Lentamente la mujer comenzaría a demandar participación en la sociedad al mismo nivel que el hombre. En los días de Elena la mujer no tenía el privilegio de votar en las elecciones públicas. En la opinión de algunas mujeres, sin ese derecho el impacto que las mujeres tendrían sobre la sociedad sería mínimo.

Por eso la reunión en la casa de Elizabeth - cinco señoritas analizando los sucesos recientemente trancurridos - reflejaba los cambios que se estaban desatando sobre la sociedad norteamericana. En cierto sentido el movimiento milerista había abierto la puerta para que la mujer participara a un nivel más democrático en los asuntos de la sociedad de los Estados Unidos. Gracias a estos cambios el papel de la mujer pasaría por modificaciones radicales a fines del siglo XIX y comienzos del siglo XX.

Las ideas que comenzaron a florecer después del chasco envolvieron a hombres y mujeres en muchas localidades del noreste de los Estados Unidos.

Un grupo de Mileristas comenzó a postular que Cristo, ¡sí había llegado en esa fecha! Ellos argumentaron que Cristo, aunque no había venido en las nubes de los cielos, sí había llegado al corazón de muchos de los que creyeron en él. Apolos Hale y Joseph Turner tomaron el liderazgo de los que espiritualizaron lo que había sucedido el 22 de Octubre de1844. Turner lanzó una serie de campañas en la Nueva Inglaterra y Nueva York tratando de convencer con su interpretación a los mileristas desanimados. Muchos de los periódicos Adventistas que se estaban publicando en ese tiempo comenzaron a comentar sobre las ideas de Turner, incluyendo S.S. Snow en su "Standard Jubilee" [Jubileo Stándar] , el "Advent Mirror" [El espejo del advenimiento] de Joseph Turner, el "Hope of Israel"[La esperanza de Israel] de Apolos Hale, el "Day Star" [La Estrella del Día] de Enoch Jacobs, el "Voice of the Shepherd" [La voz del pastor] de Orlando Squires, y el "Voice of Truth" [La voz de la verdad] de John Mars. Todos estos periódicos aparecieron unos años o meses antes del 22 de Octubre de 1844. Y ahora trataban de descifrar lo que había sucedido.

Orlando Squires llegó a la conclusión de que Cristo había entrado al reino celestial en 1844. Y como el reino del cielo está en nosotros, en cada persona, lo que había sucedido en esa fecha era que Cristo había entrado en los corazones de las personas que creyeron en Él. La posición de Squires facilitó la posición que otros tomarían en los siguientes meses y años.

Algunos llegaron a la conclusión de que como Cristo había entrado en ellos, ellos ya vivían libres del pecado, habíendolo derrotado. El pecado no los podía tocar porque sus vidas habían sido perfeccionadas. Como se autoconvencieron de que sus cuerpos ya habían alcanzado la perfección y como sus cuerpos, almas, y espíritus eran uno, ya estaban listos para ser trasladados al cielo. J.D. Pickland de Ohío agregó a estas ideas la noción que Cristo estaba sentado en las nubes esperando que los creyentes orasen para que Él bajara de las nubes a llevarse a los escogidos.

Otro grupo comenzó a enseñar que era un pecado trabajar. Como ya había llegado el jubileo, trabajar sería traer destrucción sobre él que lo hacía. Ellos argumentaban que antes de 1844 la historia había pasado por seis épocas simbólicas de mil años y en 1844 se entró a la séptima época en la cual ya no era necesario trabajar porque habían entrado a la era del sábado simbólico. En Boston y en Filadelfia vivían varios que practicaban la doctrina "es malo trabajar". En Filadefia las autoridades tuvieron que encarcelar a uno que no quería trabajar y había abandonado sus hijos y esposa dejándolos sin comida. Muchos granjeros que abrazaron esta teoría abandonaron sus tierras, y vendieron su ganado.

Otros llegaron a tal extremo que comenzaron a gatear en sus hogares y las iglesias pensando que así demonstraban ser humildes, ya que el cielo moraba en ellos. Algunos se cortaron todo el pelo para parecer como niños ya que Cristo había dicho que tenían que ser como niños. Los más extremistas, para testificar a otros de lo que había sucedido en sus vidas, es decir demostrar cuán humildes eran, gateaban por las calles de los pueblos donde vivían.

Las ideas de humildad de estos mileristas causaban un espectáculo y provocaban risa, pero no ofendían a nadie. Sin embargo los mileristas que comenzaron a practicar el lavamiento de los pies entre los sexos, los besos espirituales, y tomar esposas espirituales indignaron a muchos predisponiéndolos contra sus ideas. Los creyentes de estas ideas argumentaban que lavarse los pies, como lo hizo Jesús y sus discípulos, con personas del sexo opuesto no era problema ya que ellos estaban en el cielo y allí no había sexo. Igualmente el besarse o tomar la esposa de otro era visto por algunos mileristas como comportamiento apropiado en la nueva era en que vivían. En varios casos algunos millleristas dejaron sus esposas y

comenzaron a vivir con otras argumentando que en el
 caso de ellos esto no era inmoral.

Un milerista llamado Houston, de Springwater Valley, Nueva York tomó control de un hogar y comenzó a demandar que todos los muebles, muebles caros de lujo, se hicieran pedazos y se quemaran para calentar la casa. Él y varios otros vivían en ese hogar con mujeres que no eran sus esposas. Houston logró convencer a los demás que él era el Espíritu Santo. Los otros moradores tenían miedo echarlo ya que supuestamente corrían el peligro de expulsar al Espíritu Santo. Houston mandó un mensaje a Guillermo Miller diciendo que Dios le estaba dando visiones diarias, y que no se preocupara porque pronto llegaría Jesús a la tierra.

Otro milerista llamado S.S. Snow comenzó a enseñar que él era el primer ministro del Rey Jesús. En 1848 hizo la siguiente proclamación donde declaró que Dios y Jesucristo lo habían comisionado para preparar el camino;

"Demando de todos los Reyes, Presidentes, Magistrados, y Ministros civiles o eclesiásticos que entreguen todo su poder y autoridad en mis manos, en el nombre de nuestro Rey Jesús, el Que Viene."(George R. Knight, Millenial Fever)

Con toda esta confusión circulando en los grupos mileristas en el noreste de la nación, no es difícil imaginarse las incógnitas que tomaron control del ánimo de Elena y sus amigas. Si los adultos en los cuales ellas habían depositado su confianza no se ponían de acuerdo, ¡qué se podía esperar de adolescentes de 17 y 18 años de edad!

Uno de los grupos mileristas que más atención atrajo en Portland, Maine siguió el liderazgo de Israel Dammon. Dammon era guiado por su esposa espiritual (aparentemente no eran casados legalmente) que tenía visiones casi todas las noches. En la casa de Dammon se reunía un grupo de mileristas que llegaban a observar a la esposa que se acostaba en el piso de la sala y comenzaba a revelar sus visiones. Estas visiones y sus mensajes que eventualmente se hacían públicos lograban dejar a todos los mileristas de Portland en ridículo.

Elena Harmon y su familia aparentemente visitaron en varias ocasiones las reuniones en la casa de Dammon. Sin duda la familia Harmon en su afan de entender lo que había sucedido buscaron todos los medios posibles para entender y aclarar su confusión.

En este ambiente, en el cual reinaban la confusión y el desánimo, un grupo grande de mileristas abrazaron el refugio de algunas comunidades de Shakers. Los Shakers creían que Jesús había venido en la persona de su fundadora Ann Lee en 1770. Estas comunidades se encontraban en casi todos los estados donde el movimiento milerista había aparecido. Para los confundidos y desanimados fue fácil entregarse a las ideas de los Shakers y abrazarlas, incluyendo las enseñanzas acerca del celibato que los Shakers habían enseñado por muchos años.

Entre los desanimados, que tambaleaban en el valle de la confusión, Elena y sus cuatro amigas buscaban respuestas a su incógnitas. Las preguntas sin respuesta comenzaron a florecer y multiplicarse. Preguntas que las cinco adolescentes se habían hecho muchas veces antes entraron a la conversación una vez más. Parecía que las preguntas sin respuestas generaban otras que dejaban a las amigas mirándose una a la otra, en confusión. Finalmente una de las amigas sugirió que ya que ellas no tenían respuestas quizás sería bueno preguntarle a Dios.

Dos amigas le ayudaron a Elena para que ella pudiera arrodillarse. Cuando las cinco estaban arrodilladas, una por una comenzó a orar. Durante el transcurso de la oración ocurrió algo inesperado. Elena cuenta que ella sintió que su cuerpo estaba siendo transportado sobre una nube de luz. Abrió sus ojos para ver a sus amigas, pero ellas no estaban. Escuchó una voz que le dijo.

"mira, mira más arriba."

Al mirar hacia arriba, Elena vio en la distancia que un grupo de personas caminaban por un camino angosto que ascendía hacia el cielo. Notó que en la punta delantera del grupo, el guía que llevaba el grupo era Jesús.

Mientras que Elena experimentaba esta visión las amigas la contemplaban preocupadas. No sabían lo que estaba sucediendo. Algo extraño ocurría. Se miraban la una a la otra tratando de entender lo que le estaba sucediendo a su amiguita Elena.

Visiones o experiencias de este tipo, aunque no eran comunes, aparentemente sucedieron con cierta frecuencia durante esta época en los Estados Unidos. La esposa de Israel Dammon tenía lo que ella llamaba visiones todas la noches en las reuniones en Portland. Unos meses antes, durante el verano de 1844, un grupo en el centro del país había asesinado a José Smith, fundador del movimiento mormón, en parte por insistir en que él tenía visiones.

En la primera mitad del siglo XIX surgieron en los Estados Unidos una multitud de grupos religiosos cuyos dirigentes recibían mensajes de Dios, supuestamente mediante visiones. Con mucha frecuencia los dirigentes de estos movimientos religiosos informaban lo que Dios les había comunicado en estas visiones a través de sermones, periódicos y libros.

Emanuel Swedenborg, uno de los más populares dirigentes religiosos de la época comenzó su carrera con visiones. Originalmente de Suecia, Swedenborg, que era hijo de un obispo, vivió la vida de un intelectual interesado en literatura y ciencia, escribiendo extensamente sobre anatomía, física, y astronomía. Cuando tenía 58 años de edad Swedenborg comenzó a escribir sobre religión. Durante su vida escribió unos 30 volúmenes sobre temas religiosos. De acuerdo con su versión de sus experiencias Dios le pidió a Swedenborg que dedicara su vida a explicar el aspecto espiritual de las Escrituras. Como resultado de esa visión Swedenborg impactó sobre muchos grupos y personas en Norteamérica.

Los transcendentalistas, el espiritismo, varios movimientos de sanamiento espiritual, una variedad de sectas que pretendían curar aun personajes literarios como Ralph Waldo Emerson leyeron extensamente los libros de Swedenborg y usaron sus ideas para dar origen a lo que ellos enseñaron.

Con mucha frecuencia los dirigentes de estos movimientos insistían que sus ideas provenían de Dios y que el mensaje divino había llegado a ellos a través de una visión. Por ejemplo las visiones de Ann Lee, la dirigente espiritual de los Shakers, le ayudaron a formar una serie de comunidades religiosas en el noreste de los Estados Unidos. Otro caso similar fue Jemina Wilkinson la matriarca de los Hermanos Universales, otro grupo religioso que organizó pequeñas comunidades durante esta época. En otras palabras era común, en este tiempo y en los Estados Unidos, que surgieran movimientos religiosos cuyos líderes, supuestamente, recibían visiones de Dios. En este ambiente cultural Elena Harmon comenzó a ver visiones.

En su primera visión, Elena observó que una luz brillante se mantenía debajo de todos los que seguían caminando y mantenían sus ojos fijos en Jesús. Con esa luz ellos evitaban caer o pisar mal. Los que mantenían sus ojos fijos en Cristo seguían subiendo por el camino sin tener problemas. También Elena vio que había algunos, que en vez de mantener sus ojos en Cristo, miraban hacia el lado o para atrás. Le dio tristeza observar que la luz debajo de los pies de estas personas se apagaba y ellos tropezaban, cayendo por fin a un mundo oscuro debajo de ellos.

La mirada de Elena tenía a las cuatro amigas intrigadas. Parecía que Elena no estaba respirando, pero su cara irradiaba con gozo y paz.

Eventualmente Elizabeth dijo, "¿Qué te pasa, estás bien?"

Inmediatamente Elena comenzó a contarle a sus amigas lo que le había sucedido. Les explicó los detalles de la visión. Explicó que Jesús le había dicho que ellos se habían equivocado. Que aunque los creyentes mileristas creían que era el fin del mundo la realidad era que se trataba sólo del comienzo de una nueva época en la historia. Las amigas de Elena comenzaron a comentar entre sí que este era un mensaje de Dios y que Elena tenía que contarle a otros lo que Dios le había mostrado. Elena sonrió, no muy entusiasmada con la sugerencia.

Con gozo y alegría las cuatro señoritas comenzaron a bombardear a Elena con preguntas, convencidas que Dios se había manifestado ahí, en la casa de Elizabeth Haines.

Capítulo 8

Primeros Viajes Misioneros

El viento frío de la mañana bailaba con los copos de nieve que descendían entre los pinos hasta descansar en las colinas y el camino a unos pocos kilómetros de Portland, Maine. De vez en cuando un copo rozaba las mejillas de Elena. La joven sonreía. Elena viajaba en un trineo negro que se deslizaba sobre la nieve, tirado por dos caballos, arropada con un grueso abrigo y un gorro de lana que cubría toda su cabeza. El camino cruzaba por bosques de pinos y se ondulaba, subiendo y bajando las colinas rumbo a Portland. En la distancia salían del horizonte, como lanzas largas los pinos cubiertos de nieve. Elena viajaba admirando la belleza del invierno. Ya comenzaba a ver, en el horizonte, los negros mástiles de los barcos en el puerto.

 Al lado de Elena viajaba su cuñado que mantenía las riendas de los caballos en sus manos. El ritmo del trote de los animales cuyos cascos hacian crujir la nieve despertando ecos en las colinas, ayudaban a que Elena se ensimismara en sus pensamientos.

Cuando Elena tuvo su segunda visión, ella sintió que Dios le pedía que compartiera con otros su experiencia. Elena, aunque con mucha resistencia e inseguridad, decidió obedecer ese llamado. Desde ese día todo comenzó a suceder con una rapidez increíble. Elena ni tuvo que planear su próximo paso. A la joven le parecía que Dios ya tenía todo planeado de antemano.

Por tres meses Elena había estado luchando con una infección en la garganta y los pulmones. El terrible invierno de Maine había empeorado su salud. La tos brotaba con más y más frecuencia de lo profundo de su pecho debilitando a Elena progresivamente. Habían ocasiones en que ella apenas podía hablar y con mucha dificultad se hacía entender.

Pero cuando llegó su cuñado a casa a invitarla a viajar con él a su hogar, a unas treinta millas de Portland y dar su testimonio, Elena no tuvo que pensarlo dos veces. Ella había prometido, y no abandonaría su pacto con Dios. En esa primera reunión, cuando la joven tomó la palabra, apenas se podía escuchar lo que decía. Pero con cada palabra que salía de su boca a Elena le parecía que una inyección de energía infiltraba y revitalizaba su cuerpo.

En unos pocos minutos ella estaba hablando como si nunca antes hubiera estado enferma. Ni se cansaba. Cuando terminó de contar su historia y dar su testimonio Elena se sentía llena de salud y vigor. Con esa primera visita Elena inició un itinerario pesado que la mantuvo viajando el resto del año.

Durante el invierno de 1845 Elena se mantuvo viajando constantemente por los estados de Maine, Massachusetts, y Nuevo Hampshire. En trineo que se deslizaba por los caminos cubiertos de nieve, con amigos y familiares Elena visitó muchas congregaciones y pequeñas Iglesias mileristas que se reunían en casas privadas. En esos hogares Elena compartía lo que Dios le había mostrado en su primera visión, explicaba su experiencia, y daba su testimonio.

No todos los que escucharon a Elena creían que el mensaje tenía origen divino. El fanatismo que surgió entre las comunidades mileristas después del Gran Chasco creó mucha duda entre los creyentes. Entre los que comenzaron a dudar de las visiones y los mensajes de Elena estaban los señores Sargent y Robbins. Ellos vivían a unas millas de la ciudad de Boston en Massachusetts, y cuando escucharon que Elena White estaba visitando la región hicieron todo lo posible para que ella no sea bien recibida.

Elena estaba quedándose en la casa del Señor Nichols en Dorchester, Massachusetts cuando los señores Sargent y Robbins llegaron. Al descubrir que Elena Harmon estaba ahí, no quisieron entrar pero le dijeron a Nichols que traiga a Elena a la reunión de la iglesia el día siguiente, en Boston.

En la mañana cuando todos estaba listos para viajar a la reunión de Boston, Elena insistió que sería mejor viajar a Randoph, una ciudad ubicada a 13 millas en la dirección opuesta. El señor Nichols, un poco molesto le dijo a Elena que la reunión era en Boston y que todos los creyentes los esperaban allí. Pero Elena insistió que Dios le mostró que ellos debían viajar a Randoph.

Irritado y seguro que todos esperaban en Boston, el Señor Nichol guió los caballos, contra su voluntad a Randoph. Cuando Nichols tocó la puerta de la casa, encontró que muchos de los creyentes ya estaban ahí. Descubrió que entre los presentes estaba Sargent y Robbins. Nichols notó inmediatamente que Sargent y Robbins cambiaron el lugar de la reunión para que nadie escuche a Elena. Después Nichols aceptó que Dios lo había guiado contra su voluntad al lugar donde todos estaban reunidos.

El nerviosismo y la incomodidad de Sargent y Robbins floreció notoriamente cuando Elena entró por la puerta. Ellos no sabía que decir o como actuar. Los dos trataron de ponerle fin a la reunión antes de tiempo para que Elena no tenga oportunidad de hablar. Convencidos que las visiones de Elena eran Satánicas ellos ni querían estar en el mismo lugar con Elena.

En el transcurso de la reunión Elena comenzó a cantar un himno con el resto de la congregación y inesperadamente grito:

-" Gloria a Dios."

Sargent y Robbins se miraron, asustados, pensando que a lo mejor a Elena le llegaría una visión mientras que ellos estaban ahí. Los dos siguieron cantando con más volumen tratando de tapar lo que ella estaba diciendo. Esperando que no suceda algo inesperado. Eventualmente Sargent y Robbins se cansaron de cantar y los dos comenzaron a leer la Biblia en voz alta. Molestos por la actitud de Sargent y Robbins los creyentes congregados en la casa insistieron;

-"Por favor bajen sus voces queremos escuchar lo que ella esta diciendo."

Los creyentes se acercaron y se reunieron alrededor de Elena tratando de captar lo que ella estaba diciendo. Sargent y Robbins tuvieron que callarse después que Robbins les gritó;

-"Uds. están adorando a un ídolo, un becerro de oro."

Por tres horas Elena siguió en visión sin respirar. Uno de los presentes, el señor Thayer, dueño de la casa donde estaban reunidos dijo;

-"coloquemos una Biblia sobre ella porque dicen que si la visión es de Satanás, con la Biblia ella terminará de hablar."

Encontraron la Biblia grande de la casa y el Señor Thayer se la entregó a Sargent y le dijo;

-"ten, ponla sobre ella.

Asustado Sargent retrocedió y exclamó;

-"No, yo no".

El Señor Thayer se atrevió y puso la Biblia sobre la cabeza de Elena. Elena inesperadamente se paró y tomó la Biblia en la mano sobre su cabeza, con un dedo ella señalaba los textos mientras que los recitaba de memoria.

El Señor Nichols buscó una silla y se paró sobre ella para ver si en realidad estaba citando correctamente los textos Bíblicos. Sorprendido Nichols exclamó;

-"los está citando palabra por palabra. Esto no puede ser del Diablo tiene que ser de Dios."

Por tres horas Elena leía y explicaba la Biblia a los creyentes reunidos en la casa de los Thayers. En el transcurso de la visión Robbins y Sargent salieron corriendo de la casa. Más tarde los creyentes fueron a buscarlos pero no encontraron el carro y los caballos en el cual ellos habían llegado.

Esas escenas, y recuerdos, pasaban por la memoria de Elena mientras que viajaba sobre la nieve rumbo a Portland. Un suspiro salió del pecho de Elena al repasar todo lo que le había sucedido en los últimos meses. Ella sentía que Dios la había protegido y le había dado las fuerzas necesarias para realizar su misión. Nunca la había abandonado. Aun cuando aparecieron enemigos que trataron de desacreditarla ella había salido victoriosa. Eso la llenó de satisfacción.

Elena también recordó cuando el Capitán José Bates le había pedido a Elena que viaje a West's Island, en un pequeño bote de velas a hablarle a un grupo de creyentes. Una tormenta apareció poniendo la vida de Elena y su hermana en peligro, Dios no las había abandonado. Milagrosamente un bote los rescató de la tormenta. Esas experiencias animaban y brindaban salud al cuerpo de Elena que con el pasar de los días demostraba más y más vitalidad y energía. Parecía que todos sus achaques estaban desapareciendo lentamente.

A Elena le parecía que cada día le traía una nueva aventura. El desánimo que ella había cargado por varios meses desapareció. El temor de hablar en público también la dejó. Las experiencia diarias fortalecieron su confianza en Dios y en si misma. Ella comenzó a anhelar cualquier oportunidad de contarle a otros los que Dios le había mostrado a través de visiones.

Sin embargo no todos los mileristas gozaban de la fe que Elena tenía. La mayoría de los mileristas que no abandonaron por completo sus creencias religiosas comenzaron a unirse a diferentes grupos. Una coalición de los grupos más numerosos del movimiento milerista tuvieron una Conferencia General en Albany, Nueva York el 29 de Abril de 1845. Guillermo Miller asistió, aunque no tomó parte activa. En esas reuniones los mileristas llegaron a ciertos acuerdos, pero las reuniones no fueron suficiente para unirlos. Con el pasar de los meses y años esos grupos se siguieron dividiendo, y eventualmente la mayoría de ellos desaparecieron.

Los seis grupos más fuertes que se organizaron

en denominaciones o sectas religiosas después del Gran chasco fueron: The American Evangelical Adventist Conference (La Conferencia Adventista de los Evangélicos Americanos), The Advent Christian Association (La Asociación Cristiana del Advenimiento), The Advent Christians (Los Cristianos del Advenimiento), The Life and Advent Union(La Union de La vida y el Advenimiento), The Church of God of Jesus Christ (La Iglesia de Dios de Jesucristo), y Los Adventistas del Séptimo Día.

Con el tiempo estas denominaciones también desaparecieron. El único grupo que se mantuvo firme a pesar del Gran Chasco y que eventualmente comenzó a crecer fue el grupo que llegó a llamarse La Iglesia Adventista del Séptimo Día. Al contraste de los otros grupos que eventualmente desaparecerían o perderían casi toda su feligresía el grupo que formó la Iglesia Adventista del Séptimo Día seguiría creciendo paulatinamente hasta convertirse en un movimiento mundial. La adolescente, Elena Harmon sería una de las personas que eventualmente surgiría como una de los fundadores de ese movimiento.

Los grandes adelantos de la Revolución Industrial también traían con ellos mucha miseria y pobreza.

Capítulo 9

La Pobreza

Las nubes negras que corrían como una manada de caballos salvajes detrás de los árboles oscurecieron el cielo. El trueno hizo retumbar la casa, y el relámpago alumbró todos los cuartos. Pronto la lluvia descendía a chorros sobre el techo llenando de temor a Elena que miraba con ojos alertos por la ventana hacia el camino en la dirección que Jaime salió.

Las gotas de agua que la tormenta disparaba contra la ventana intensificó la preocupación de Elena. A Elena le parecía que Dios la había olvidado. Elena no podía entender porque tenían que pasar por tantos obstáculos. No podía comprender porque Jaime, su esposo, que trabajaba tanto para hacer la voluntad de Dios tenía que sufrir tanto. Los minutos interminables se alargaban y se transformaban en horas y Jaime no volvía a casa.

Jaime, su esposo, salió de la casa en busca de su sueldo una hora antes. Él trabajaba para la compañía de Ferrocarriles en Portland y los patrones no siempre le pagaban a tiempo. Aunque él tenía que trabajar largas horas, en todo tipo de clima, acarreando vigas de madera, martillando, y echando abajo bosques, los patrones no siempre cumplían con su parte del trato.

La joven pareja White acabó con toda la comida en la casa, y no tenían con que comprar alimentos. Los dos sentían preocupación y desánimo cuando Jaime partió de la casa en busca del dinero. Jaime dijo antes de salir que aunque los patrones no le paguen todo, y sea solo parte de su sueldo, él tenía que ir. La lluvia comenzó a descender con una furia descontrolada unos pocos minutos después que Jaime salió de la casa.

Elena en un estado melancólico comenzó a repasar los eventos que habían transcurrido en los últimos meses. Recordó con una sonrisa el día de su boda, cuando ella y Jaime visitaron la casa del juez civil de Portland. El juez los casó. Elena y Jaime no tenían los medios económicos ni el interés en tener una boda tradicional en una iglesia adornada con flores y cintas de colores. Menos tenían dinero para pagar los gastos de una recepción donde invitarían a todos sus amigos. Ambos llegaron al acuerdo que el tiempo en el cual ellos vivían, y las finanzas personales no les permitirían darse tales lujos.

Como Elena, Jaime también había nacido en un rancho en el estado de Maine, cerca del pueblo de Palmyra. Ambos se criaron en una familia de muchos hijos. Desde chico Jaime fue un poco enfermizo y no participó de todas las labores que sus hermanos tuvieron que realizar en el rancho. Pero en el rancho él aprendió a trabajar y a leer. Jaime, como Elena, también fue seguidor de Guillermo Miller. Aunque inicialmente ridiculizó las ideas de Miller una vez que comenzó a estudiarlas, Jaime las aceptó y ayudó a predicar de la Segunda Venida de Jesús.

Los dos, Jaime y Elena, se conocieron en una reunión milerista y ambos vivían convencidos que Jesús volvería muy pronto. Lo más urgente en la vida de la joven pareja era proclamar esa verdad. Juntos ellos habían estado viajando a distintas partes del noreste de los Estados Unidos con ese fin. Pero algunos creyentes en las iglesias que ellos visitaron comenzaron a comentar sobre lo inapropiado que dos jóvenes solteros viajen a tantos lados y gasten tanto tiempo juntos.

Para prevenir chismes de esa índoles la pareja, Elena de 18 años de edad y Jaime de 22, decidieron casarse y así eliminar cualquier tipo de crítica. Ya para estos días Elena se habían enamorado de Jaime. Elena recordó esos momentos de la boda con una sonrisa que iluminó su cara. Pero el trueno que hizo las ventanas de la casa retumbar forzó que Elena vuelva a la realidad. La tormenta seguía lanzando gotas de agua contra la ventana.

Elena no entendía porque ellos estaban pasando tanta miseria. Ella y Jaime se habían dedicado a la proclamación del Evangelio, haciendo la voluntad de Dios pero parecía que todo lo que hacían les salía mal. A veces Elena pensó que Dios los había abandonado. Su esposo tenía muchas dificultades en conseguir un trabajo que produjera suficiente dinero para sostenerlos. Pasaban las semanas y los meses pero la condición económica del hogar no mejoraba. Y ahora Elena estaba llegando a un punto que ella no sabía si podía soportar más.

Elena y Jaime pertenecían a la América que no

gozaban de los frutos de la revolución industrial. Mientras que algunos pocos como John Jacob Astor y Stephen Whitney lograron amasar fortunas increíbles de millones y millones de dólares durante esta época, miles y miles de americanos vivían en la pobreza, apenas subsistiendo. Una minoría, dueños de fabricas, comerciantes, y banqueros comenzaron a almacenar fortunas. Pero mientras que esa minoría incrementaba su capital en forma sorprendente, miles y miles como Elena y Jaime tenían que vivir sin nada.

En una fábrica en Lawrence, Massashussets a unos 100 kilómetros de Portland, el abismo que surgía entre pobres y ricos se hizo notorio cuando el techo de la fábrica se vino abajo. Los dueños de la fábrica lograban ganancias increíbles. Pero los obreros que trabajaban en esa fábrica tenían que subsistir de día a día, pasando hambre y frío. Más de 200 señoritas y niños fallecieron cuando el techo se cayó, aplastando y torturando a sus víctimas.

Las casas de los pobres, en la mayoría de las ciudades grandes del país, quedaban abandonadas por su dueños que solo aparecían los días cuando se tenía que pagar la renta. Con mucha frecuencia, incendios en ciudades que no tenían compañías de bomberos, ardían quitándole la vida a los que en ellas vivían. Un comentarista de la época, George Templeton Strong, exclamó; "Todavía somos una raza semi bárbara.......... si unos pocos dueños o constructores de fábricas y casas de los pobres fueran ahorcados mañana, la vida sería menos insegura."

Muchos pensaban como el Reverendo Francis Wayland que escribió en su libro Los Elementos de la Economía Política; "Donde los sueldos para los pobres son más altos, los pobres se encuentran más descontentos y sin respeto a las leyes.....". Con esta filosofía era fácil justificar pagarle al pobre suficiente dinero para que no se muera de hambre. Ya que el pobre no era responsable y no sabía administrar sus finanzas. Muchos patrones razonaban, si se le daba mucho dinero a los pobres lo único que ellos harían sería gastarlo en vicios.

En la opinión de los señores que controlaban las riquezas de Nueva Inglaterra los pobres eran pobres por su propia falta; irresponsables, flojos, ladrones, etc. etc. Ellos vivían convencidos que Dios había bendecido a los ricos con mucho dinero porque ellos habían sido leales a Dios. Ellos eran honestos, puntuales, ahorradores, trabajadores y por eso tenían tanta riquezas.

Esas ideas circulaban en la sociedad y sin duda Elena no se sentía cómoda con esa versión de la realidad.

"Jaime no necesita andar mojándose en el frío." Pensaba Elena.

"¿Porqué tiene que andar buscando dinero que sus patrones no le quieren pagar? a lo mejor se va a enfermar."

A Elena se le hacía difícil entender la voluntad de Dios.

Por supuesto ella no podía ver lo que el futuro le esperaba. En unos pocos meses, en Abril de 1848, ella y su esposo tomarían todas sus pertenencias, y los diez dólares que habían logrado ahorrar y viajarían al poblado de Rocky Hill, en el estado de Connecticut. Ahí la joven pareja viajaría con su primer hijo, Enrique, de siete meses y participaría en el primer congreso de personas que se consideraban Adventistas del Séptimo Día. La participación de Elena y de su esposo jugarían un papel central en la formación y el desarrollo de una nuevo movimiento que eventualmente, antes de un siglo se transformaría en un movimiento mundial. Elena no lo sabía pero ella se transformaría en uno de los pilares centrales en la fundación de la Iglesia Adventista del Séptimo Día.

En esa reunión, la primera en la historia del nuevo movimiento, Elena relataría a las 50 personas en esa casa la visión que ella tendría unas semanas antes de la reunión.

Uno de los ingredientes que impulsaría a este grupo de creyentes a solidificar su lealtad a este movimiento sería el asunto del Sábado. Elena y su esposo, después de leer un libro escrito por José Bates sobre la importancia del Sábado, el cuarto mandamiento, quedaron impresionados con la idea de observar el Séptimo Día como el día de Reposo. Después de leer el libro los dos dedicaron horas a investigar en la Biblia sobre el tema. Todos los textos que Bates citaba en su libro dejaron a los White casi convencidos que él tenía razón. Hasta ese tiempo ellos habían estado observando el domingo como el día del Señor.

Un tiempo más tarde, después de haber leído el libro, en una de las reuniones donde José Bates, un aficionado a la astronomía, estaba presente, Elena tuvo una visión donde ella comenzó, como si estuviera en un trance, a describir las cosas que ella estaba mirando. Describió que estaba pasando por un planeta que tenía varias lunas. Después describió otro planeta. Con cada descripción Bates comentaba que ella estaba describiendo en una forma increíble, con detalles que jamás él habían leído o escuchado, planetas del sistema solar. Esa experiencia fue suficiente para convencer a José Bates que Elena era un instrumento de Dios.

Después de la visión Elena le relató, a los presentes, lo que vio en la visión. Comentó que ella viajó al cielo, al santuario celestial, donde Jesús la llevó por el lugar Santo y entonces al lugar Santisimo. Ahí Jesús le mostró las tablas de la ley donde estaba escrito los Diez Mandamientos. Elena le comentó a los presentes que ella vio una luz brillante alumbrar los primeros cuatro mandamientos y especialmente el cuarto, el del Sábado.

Esta reunión marcó un punto muy importante en el desarrollo de la Iglesia Adventista del Séptimo Día. No tan solo en el desarrollo de la Iglesia sino también en establecer a Elena G. de White y a su esposo como dirigentes principales de este nuevo movimiento.

Pero la joven esposa preocupada de su querido Jaime no podía ver ninguno de estos eventos. Lo único que sentía era el trueno y la lluvia que la llenaban de miedo y preocupación.

Habían pasado cinco horas cuando la puerta de la casa se abrió y Jaime empapado en agua entró. Elena no pudo soportar más, la tensión y la tristeza tomaron control. Descontroladamente Elena comenzó a llorar mientras que Jaime se quitaba la ropa mojada. Jaime trató de consolar a Elena pero ninguna de sus palabras logró el objetivo. Ella no podía parar de llorar. Finalmente el cuerpo débil de Elena no pudo soportar su estado emocional y Elena cayó inconsciente en la cama.

Jaime y Elena G. de White

Capítulo 10

La Imprenta en Rochester

Papas Pequeñas saltaban del arado. Elena las vio y agarró un balde y salió corriendo por la puerta a cosechar. Las papas que salían del campo detrás de la casa, aunque pequeñas, estaban sanas y Elena rápidamente llenó varios baldes. El hombre que araba el campo observó a Elena con curiosidad. Elena le gritó a Janie Fraser que estaba en la cocina de la casa,

"Janie, Janie, corre ven y ayúdame"

Janie, que vivía con la familia White, y había sido empleada para que cocine y alimente a todos los que vivían en la casa, dejó lo que estaba haciendo y salió corriendo a ayudarle a Elena.

En la casa, además de la pareja White, vivía,

Edson el hijo menor de Elena, su niñera Clarisa Bonfoey, Stephen y Sara Blenden íntimos amigos de la familia, Annie Smith y Oswal Stowell. Stowell, que había sido empleado para manejar la prensa de mano que los Whites habían obtenido en la ciudad de Nueva York, trabajaba en la imprenta que ocupaba un cuarto de la casa.

Elena, su familia y amigos llegaron a Rochester, Nueva York en la primavera de 1853, un año después que la región había pasado por una sequía que destruyó la cosecha de papas. Durante el invierno había nevado muy poco consecuentemente las papas que quedaron en el suelo; no se habían congelado. Gracias a ello, Elena cosechó papas para alimentar a su familia y el grupo que vivía en la casa de Rochester, Nueva York.

Los eventos que llevaron a los Whites a la ciudad de Rochester, Nueva York demostraban ciertos adelantos y éxitos en la vida de la joven pareja. Elena consideraba que Dios seguía guiando sus vidas y las papas eran una señal más de su cuidado. Agradecida por lo bueno que Dios era con ella y su familia Elena continuó recogiendo papas.

Rochester, localizado en el noreste del estado de Nueva York, cerca de Canadá, se estaba convirtiendo en una de las ciudades más grandes del estado. En menos de veinte y cinco años la ciudad de Rochester paso de la nada a uno de los centros comerciales más importantes del estado de Nueva York. Los granjeros del Valle de Genesee, donde se encontraba Rochester, convirtieron el pequeño pueblo en una ciudad de mercado donde vendían su trigo y compraban los productos que llegaban de otras regiones. Pero no era tanto el trigo que produjo el crecimiento urbano sino la ubicación estratégica del pueblo.

El crecimiento espectacular de Rochester ocurrió después de 1825 cuando se terminó la construcción del Canal Erie. El Canal iniciaba en la ciudad de Albany, la capital del estado, y cruzaba casi todo el norte del Estados de Nueva York terminando en la ciudad de Búfalo. El canal se convirtió en la puerta por la cual todos los norteamericanos que deseaban viajar al oeste desde la costa del Atlántico tenían que pasar. Miles y miles de inmigrantes y personas buscando un nuevo porvenir pasaron por Rochester, Nueva York rumbo al oeste de los Estados Unidos. Con ese mar de personas que inundó Rochester, la ciudad creció rápidamente. Cuando Elena llegó con su familia, Rochester que había comenzado como un puesto fronterizo para negociar con los indios ya era una ciudad con más de 30,000 habitantes.

Solo siete años después de la apertura del Canal Erie, en1832, más de medio millón de barriles de harina de trigo y 146,000 manojos de trigo transitaron el canal desde los campos de Nueva York hasta Albany. En ese año mas de 36 millones de pies de madera navegaron el Canal hacia el centro del estado. El tráfico comercial aumentó tan explosivamente que el estado de Nueva York comenzó un programa para agrandar el canal en 1835. Con ese proyecto, que empleó a miles de inmigrantes Irlandeses, los productos que viajaban del oeste del estado al este aumentaron anualmente.

Mientras que rumbo al este viajaban productos, en la otra dirección, al oeste, se transportaban seres humanos. Hombres mujeres, y niños, en su gran mayoría inmigrantes del norte de Europa que llegaban a la ciudad de Nueva York, tomaban un barco que los llevaba por el Rio Hudson hasta Albany, y en Albany navegaban por el Canal a Bufalo. Muchos de este mar humano que transitaba el canal conseguían trabajos reparando el Canal, manejando o cargando las lanchas que lo transitaban. Otros encontraban empleo en las tiendas, bodegas, y fábricas que surgieron en las ciudades como Rochester, en las orillas del Canal.

Con el aumento dramático del comercio en el canal los precios de los boletos comenzaron a disminuir. En 1830 costaba $4.16 mandar una tonelada por milla hacia el este y $9.00 una tonelada por milla hacia el oeste. Diez años mas tarde, en1840, los precios habian bajado a $2.96 hacia el este y $6.67 hacia el oeste. Para 1850, unos pocos años antes que Elena y su esposo llegaran a Rochester costaba solamente 1.7 centavos por tonelada.

Ya para esa fecha las compañías del ferrocarill se habían metido en la competencia con las lanchas de los canales. Los precios de viaje habían bajado dramáticamente. Y el número de personas que podía utilizar estos medios de transportación incrementó. Desde la apertura del canal en 1825 compañías de lanchas que transportaban seres humanos tuvieron mucho éxito. En 1836 en Rochester, tres compañías de lanchas, manejaban tres viajes hacia el este a diario y seis viajes hacia el oeste.

Rochester se convirtió en el centro de la industria de botes y lanchas para el canal. Cientos de personas fueron empleadas para trabajar en diferentes aspectos de esta industria. Cuando Elena y su esposo llegaron a Rochester esta ciudad tenía grandes barrios de campesinos que habían llegado recientemente a la ciudad, obreros de diferentes industrias e inmigrantes buscando trabajo.

La ubicación estratégica de Rochester atrajo a Elena y a su esposo que pagaron 175 dólares al año por el aquiler de una casa. Ambos vivían convencidos que Dios deseaba que ellos se dediquen a la publicación de un periódico que proclamara las verdades del Evangelio. Aun antes de llegar a Rochester los White habían comenzado a imprimir material para que otros conozcan las verdades del Advenimineto.

En 1849 Jaime con la ayuda y apoyo de Elena, cuando vivían en Rocky Hill, Connecticut, escribió y diseñó su primer periódico de ocho páginas titulado Present Truth (La Verdad Presente). Una imprenta en Middletown, Connecticut le dio crédito a Jaime White, ya que ellos no tenían el dinero para financiarlo. Imprimieron 1000 copias del primer número. Estas copias se mandaron por correo a Adventistas conocidos en todo el noreste de los Estados Unidos. Con el tiempo llegaron suficientes donaciones de los lectores para poder pagar por los costos incurridos. Animados por el apoyo de los creyentes Adventistas Jaime y Elena continuaron produciendo literatura.

En 1850 los Whites y sus amigos publicaron cuatro ediciones de un segundo periódico titulado "The Advent Review"(Repaso del Advenimiento). Este periódico nació como resultado de la crítica de algunos creyentes del movimiento, que pensaban que en el "Present Truth"(el primer periódico) se ocupaba mucho espacio analizando la idea del Sábado y no suficiente del Advenimiento. A fines del año, Jaime y Elena combinaron los dos periódicos y comenzaron a publicar uno titulado "The Second Advent Review and the Sabbath Herald" (El Repaso de la Segunda Venida y el Heraldo del Sábado). Esta nueva publicación eventualmente llegó a constituirse en el órgano oficial de la Iglesia Adventista del Séptimo Día, comunmente llamado la Revista Adventista.

En 1851, durante el verano, se publicó el primer libro escrito por Elena G. de White, <u>A Sketch of the Christian Experience and Views of Ellen G. White</u> (Un bosquejo de la Experiencia Cristiana y Opiniones de Elena G de White). En este primer libro ella dio a los lectores un breve resumen biográfico de su vida y relató varias de las visiones que aún no habían aparecido impresas en los periódicos que la pareja había publicado.

Estas experiencias llevaron a Elena y su esposo a Rochester. Ahí ella recogía las papitas en el campo detrás de su casa. Desde el taller de la casa Lumen Masten uno de los hombres que ayudaba en la imprenta vio a Elena siguiendo al hombre que estaba arando el campo. Salió para ver que era lo que ella estaba haciendo. Cuando notó los baldes de papas, Masten le dijo a otro ayudante;

"¿Es esa la esposa de mi patrón rocogiendo papitas en el campo?"

Masten no podía creerlo y comenzó a dudar de su posición. Razonó si esta gente tiene que reducirce a esto a lo mejor no tienen suficiente dinero para pagarme mi sueldo. Masten, un Metodista de 22 años de edad sabía correr la prensas y por eso los Whites lo habían empleado. Como ninguno de los Adventistas conocían el oficio de la imprenta ellos solicitaron la ayuda de Masten. Cuando Jaime lo entrevistó Masten concordó que no trabajaría los sábados pero si el domingo.

En Marzo de 1852 la familia White con el apoyo de José Bates, J. N. Andrews, e Hiram Edson decidió comprar una prensa. Hiram Edson vendió su granja por 650 dólares, suficiente para comprar la prensa. Con la nueva prensa y sin nadie que sepa usarla los Whites se mudaron a Rochester parar iniciar las oficinas de la revista adventista.

Ademas de recoger papitas en el campo los Whites y compañia, cuando llegaron a la ciudad, salieron por las calles en busca de muebles para amoblar su casa. Encontraron sillas que otros habian tirado a la basura, estantes y mesas. En casa la basura de otros se reparó y suplió por varios años las necesidades del grupo. Claro que los muebles no combinaban y las sillas alrededor de la mesa de comer eran todas diferentes, pero para Elena y Jaime la estética de su hogar no era tan importante como la publicación de libros y revistas para esparcir las Buenas Nuevas.

Para Elena las papas no tan solo eran asunto de economía sino tambien le preocupaba la salud de todos los que vivían en la casa. La cólera había llegado a Rochester en ese año y en las noche se escuchaba pasar por la calle las carrozas llenas de cuerpos rumbo al cementerio Mount Hope. Si ellos no comían bien, razonó Elena, y no se cuidaban, tambien podrían caer víctimas de esa plaga. Habían muchas cosas, incluyendo comida, que el grupo no tenía suficiente dinero para comprar. La mantequilla era un lujo que la familia White no podía gustar. Por eso cualquier ahorro que mantendría a la familia en mejor salud era abrazado por Elena.

Cuando la familia White se podía liberar algunos dias de las tarea que la imprenta imponía sobre ellos, los tres, Jaime, Elena, y el segundo hijo Edson salian en viajes misioneros a distintas partes del este de los Estados Unidos. El hijo mayor, Enrique, todavía no había llegado a Rochester por razones económicas. Enrique vivía con otro familia que le había ayudado a la joven pareja mientras que ellos se establecían económicamente.

En una ocasión, los tres Jaime, Elena, y Edson, viajaron varios días en una carroza tirada por un caballo, con Edson muy enfermo. Elena viajó con miedo que la vida de su hijo, Edson, corría peligro. Jaime tuvo que amarrar a Edson para que no se caiga cuando la mamá se dormía de cansancio. Frecuentemente ella se despertaba asustada que su hijo había parado de respirar. Sin embargo el niño se sanó y volvió a casa como si nunca hubiera estado enfermo.

Durante los años en Rochester la familia White logró continuar con la publicación del "Review and Herald" mientras que seguían un itinerario tupido de viajes misioneros. Con mucha frecuencia en sus viajes la familia White paraba para descansar en las orillas del camino, mientras que Edson jugaba en los campos Jaime y Elena se sentaban a escribir. Periódicamente la revista salía a todos los hogares Adventista. Jaime y Elena tenían que viajar constantemente promoviendo la revista. Con los triunfos de cada nueva subscripción y las cartas animando los artículos y editoriales que la pareja escribía, tambien surgían las crisis que desanimaban y a veces llegaban a punto de ponerle fin al trabajo.

Varias veces durante los años que la familia vivió en Rochester Elena, sufrio enfermedades que la dejaron en cama. En una ocasión Elena desarrolló un orzuelo en el ojo. Al visitar al doctor, se le comunicó que ella tenía cancer en el ojo. Pero aún más alarmante el doctor le comunicó que le preocupaba el estado de su corazón. El doctor tenía razón, unas tres semanas después de la visita al doctor Elena cayó desmayada en el piso de la casa. Por treinta y seis horas Elena estuvo inconsciente, asustando la pequeña communidad Adventista de Rochester. Eventualmente Elena despertó y cuando vovió a ver al doctor, el médico no podía creer lo que veía, no tan solo su estado débil había mejorado sino el cancer del ojo había desaparecido.

Orgullosa de las papitas, y el ahorro que significaba para el presupuesto del grupo, Elena entró 105 por la puerta de atrás de la casa lista para seguir con sus tareas diarias.

Jaime White

Capítulo 11

Los Hijos de Elena

Jeannie Fraser, la señorita que le ayudaba a la familia White, salió por la puerta de atrás en busca de leña. La casa era una casa sencilla de dos dormitorios que los Whites alquilaban en la parte Oeste de Battle Creek. Cuando la señorita Fraser salió, dejó a Willie, el hijo menor de los Whites jugando al lado de una tina llena de agua. Willie tenía casi dos años. Le gustaba explorar y meterse en todo. Caminaba alrededor de la tina, fascinado, empujando un palito que el creía ser un bote navegando en alta mar.

Unos minutos más tarde Jeannie volvió por la puerta con la leña en sus brazos y notó un silencio extraño. Asustada gritó:

-¿Willie, que estas haciendo..........?

No hubo respuesta

Jeannie miró en todas direcciones tratando de localizar a Willie. Cuando miró a la tina lo único que vio fue una pierna flotando en el agua.

Jeannie botó la leña al piso, corrió a la tina y agarró a Willie. ¿Estaba muerto? Corrió en Busca de Elena gritando;

"¡Se ahogó, se ahogó!"

Elena que estaba escribiendo en su cuarto en el segundo piso de la casa. Bajó corriendo. Tomó al hijo y le preguntó a Jeannie;

"¿era agua fría o caliente?"

"agua fría."

Inmediatamente ordenó que se mande a buscar al doctor y a Jaime su esposo.

Jaime estaba a unas pocas cuadras de la casa trabajando en las oficinas de la Revista Adventista. Jaime era el gerente de la imprenta. Mientras que la pareja White había estado en Rochester, Nueva York, la empresa era su propiedad. En Rochester llegó el tiempo cuando la pareja ya no podía manejar tanta responsabilidad. Además de producir el periódico que se imprimía cada dos semanas, la joven pareja producía otra revista titulada el "Youth Instructor"(El Instructor de los Jóvenes), folletos, y viajaban constantemente en jiras evangelísticas y de promoción.

Sobre los hombros de Jaime y Elena caía la responsabilidad de visitar las congregaciones Adventistas que se estaban organizando en los estados del norte de los Estados Unidos. Mientras que vivían en Rochester Nueva York, la familia White viajó hacia el este visitando las congregaciones de Maine, Vermont, Massachusetts, y Conneticut. Al mismo tiempo comenzaron a surgir grupos en el Oeste, los estados de Illinois, Ohio, Indiana, Iowa, Wisconsin, y Michigan.

Como el pequeño movimiento Adventista aún no tenía una organización oficial, casi todos las labores caían sobre los hombros de tres personas, José Bates, Jaime White y Elena G. de White. Con mucha frecuencia surgían divisiones y contiendas teológicas. Los White tenían que dejar el trabajo de publicar la Revista Adventista en las manos de jóvenes. Aunque la pareja era joven ellos tenían más experiencia que los compañeros. Por lo tanto ellos generalmente viajaban a resolver los problemas de las iglesias.

La tensión y presión expuesta sobre ellos llegó a tal punto que los dos comenzaron a enfermarse con más y más frecuencia. Cuando finalmente, Elena y Jaime, admitieron que el trabajo era mucho y comunicaron su dilema a los miembros del movimiento, dos comunidades Adventistas, la comunidad de Vermont y la comunidad de Michigan, comenzaron a pedir que las oficinas de la Revista Adventista se trasladen a sus estados y que ahí los miembros de esas comunidades podrían ayudar en el mantenimiento del trabajo.

En una reunión general de representantes de la Iglesia Adventistas en Rochester, Nueva York en Septiembre de 1855 se tomaron los siguientes acuerdos. Primero, Jaime White no sería más el dueño de la imprenta. Segundo, La Iglesia tomaría control del periódico. Tercero las oficinas del periódico se ubicarían en Battle Creek, Michigan. Y Cuarto, se le pediría a todos lo miembros de la iglesia que ayuden a pagar los costos.

El nuevo Editor José Bates recibiría un sueldo. Igualmente el nuevo gerente Jaime White, y todos los obreros que manejaban la prensa y producían el periódico recibirían un sueldo. Gracias a estas decisiones Jaime White recibió por primera vez un sueldo de la Iglesia Adventista, cinco dólares semanales.

Con esta ayuda financiera la Familia White logró mudarse a Battle Creek, Michigan y alquilar la casa donde Willie se había caído al agua.

Los eventos que habían transcurrido en la nación entre 1825 hasta 1855 abrieron las oportunidades para que la familia White pueda mudarse de Rochester, Nueva York hasta Battle Creek, Michigan sin muchos problemas. En 1825 se había terminado el Canal Erie que conectaba el río Hudson con el lago Erie, 400 millas. Este canal bajó los costos de viaje de la ciudad de Nueva York hasta Buffalo, Nueva York, un 95% durante esos treinta años. Con la construcción de este Canal comenzó una era que no tiene igual en la historia del mundo. Nunca antes había una nación construido tantos canales en tan poco tiempo. Ya para 1840 había más de 3,300 millas de canales en los Estados unidos.

Los canales abrieron otras avenidas de transportación durante estos años. Antes de esta época el uso de los ríos del centro de la nación era limitado a las canoas de los indios. Los barcos que los Europeos usaban no navegaban los ríos. La razón principal era porque barcos o botes Europeos tenían un gran porcentaje de la nave que navegaba debajo del nivel del agua. Era imposible hacer eso en los ríos de Norteamérica, ya que muchos de los ríos tenían una profundidad de solo unos pocos pies. En algunos lugares el Río Misisipí no tenía más de metro y medio de profundidad.

Es en este ambiente que aparece el barco a vapor. Durante los años que Elena vivía con sus padres en la granja de Maine donde ella nació, Roberto Fulton inventó el barco a vapor, que tenía toda su maquinaria sobre el nivel del agua. Ese barco navegó todo el Río

Misisipí. Después de ese éxito los barcos a vapor comenzaron a aparecer por todos lados. Muchas ciudades en las orillas de los ríos del centro de la nación, como San Luis, Louisville, Memphis, Cincinati le deben su existencia al barco a vapor.

En estos años el pueblo norteamericano vio adelantos en los medios de transportación como nunca antes. El caso de los camellos en Arizona y California dan testimonio de la importancia que el pueblo americano le dio a la transportación. Jefferson Davis, el Secretario de Guerra de la nación, logró que el congreso de la nación otorgue $30,000.00 para traer 30 camellos de Egipto en 1855. Estos camellos cruzarían el desierto del territorio que los Estados Unidos habían adquirido en la Guerra con México unos años antes (1847).

Los camellos no tuvieron mucho éxito, pero el invento tecnológico que eventualmente transformaría la nación durante estos años fue la introducción del ferrocarril. El ferrocarril apareció alrededor de 1820 y ya para 1860 los obreros, como Jaime White, habían instalado más de 30,000 millas de vías de ferrocarril en la nación. Y eso era solamente el principio.

Todos estos medios de transportación facilitaron el movimiento masivo de seres humanos. Solo en 1855 más de 400 mil inmigrantes llegaron a la ciudad de Nueva York, eso es sin contar los miles que llegaron a los otros puertos de entrada.

Estos eventos hicieron la mudanza de la familia White, de Nueva York a Michigan posible. Ellos, con miles y miles de norteamericanos se unieron a una tradición de movimiento que no tuvo fin. Vía canales, barcos a vapor, y el tren los americanos comenzaron a extender su vista hacia el Pacífico. El mar humano que llegaría a los Estados Unidos en el siglo 19 comenzó a inundar el oeste, y entre ese mar la familia White y unos pocos adventistas salieron rumbo al oeste a mediados del siglo.

Elena tomó A Willie, agarro un par de tijeras, y corrió por la puerta de la casa. Puso a su hijo menor en el pasto y comenzó a cortar la ropa de su cuerpo. Una vez desnudo Elena comenzó a rodar a Willie en el pasto. Mientras que el niño rodaba, de su boca y nariz salía agua sucia. Ocasionalmente Elena tornaba el cuerpo del hijito buscando alguna señal de vida.

Willie era el último de los hijos de la pareja White. El primero Enrique ya tenía 8 años de edad, el segundo Edson tenía 6, y Willie 18 meses cuando se cayó en el agua.

En unos pocos minutos, a una cuadra de la casa, la figura de Jaime apareció en la distancia corriendo por la calle. Ya los vecinos, escuchando los gritos se habían reunido al frente del hogar White para observar lo que estaba sucediendo. Los vecinos, convencidos que el niño ya estaba muerto comenzaban a murmurar entre si, comentando que Elena debía admitir fracaso. Cuando Jaime llegó corriendo, respirando convulsivamente, uno de los vecinos le grito;

"quítale esa criatura muerta a esa mujer."

Cuando Jaime recobró su respiración y pudo hablar respondió;

"No, es su hijo y nadie se lo va a quitar."

La persistencia y determinación de Elena irradiaba brillantemente en esta ocasión. Muchos ya hubieran tirado la toalla, se hubieran dado por derrotados. Pero Elena se había forjado en tormentas de dolor, sufrimiento y pobreza. En Rochester ella había visto el dolor muy de cerca. Durante esos años su hermana melliza, Elizabeth, murió en Gorham, Maine. Elena tuvo que dejar a Enrique, el mayor, en las manos de amigos, por varios años, para poder seguir con su trabajo. Eso no fue fácil

También, durante los años en Rochester, un grupo en Michigan comenzó a publicar un periódico, Messenger of Truth (El mensajero de la Verdad) que se dedicó a criticar el trabajo de los White. Esos ataques fueron dolorosos para Elena. Y como si eso no fuera suficiente, en esos años de pobreza, la familia White recibió al hermano de su esposo Natanael y a su esposa Ana en su hogar. Meses después de su llegada Natanael que era más pobre que ellos se enfermó, y murió de "consumption".

Lo más terrible para Elena, durante esos años en Rochester, surgió del hecho que la salud de su esposo iba de mal en peor. Jaime sufría con una terrible tos y dolores en el pecho, los pulmones. Aparentemente el sistema nervioso de Jaime paulatinamente iba de mal en peor. Aun la actitud de Jaime le preocupaba a Elena. Constantemente el esposo lamentaba la condición en la cual se encontraban y temía que iba a morir y dejar a su esposa e hijos endeudados.

Refiriéndose a esa época en su vida Elena escribió;

"Esos fueron días de tristeza..... pensé..... mi esposo va a morir, cargado de trabajo por la verdad presente,; ¿y quién se dará cuenta? ¿Quién sabe las cargas que él a acarreado por años, el cuidado extremado ha aplastado su espíritu y arruinado su salud, llevándolo a una muerte prematura y dejando a su familia desamparada y dependiente? Con mucha frecuencia me pregunto; ¿No le importa a Dios estas cosas?"

Elena sabía lo que era sufrir, pero también su fe en Dios le dio una doble dosis de persistencia. Aunque el dolor y el sufrimiento parecía surgir con una potencia increíble Elena continuó.

Cuando ella llegó a Battle Creek parece que las cosas comenzaron a cambiar. Encontraron muchos amigos dispuestos a compartir las tareas y listos para ayudar en lo que sea. Cuando se realizaron conferencias en Battle Creek en Noviembre de 1856 parecía que todo había cambiado. Con su sueldo Jaime comenzó a pagar todas sus deudas. La tos que tanto preocupaba a Elena terminó permitiendo que Jaime pueda predicar una vez más con potencia, hasta tres veces al día.

Cuando todos los vecinos estaban convencidos que ya el pequeño Willie, que tenía un color azul morado, estaba muerto, Elena observó el movimiento en las cejas de los ojitos de Willie. Pronto los labios comenzaron a moverse. Elena miró a Jeannie y dijo;

"Entra y calienta algunas frazadas."

Elena se paró con Willie en sus brazos y entró a la casa sin decirle una palabra a los vecinos. Arropó y colocó el cuerpo de Willie en su cuna. Durante el resto del día Elena le cambió la ropa a Willie continuamente para mantener el cuerpecito de su hijo caliente.

Capítulo 12

La Guerra Civil 1861-1865

Enrique y Edson, consumidos con la tarea que tenían en el galpón detrás de la casa, gastaron horas trabajando para terminar el proyecto. Finalmente terminaron el tambor. Los dos salieron en busca de sus amigos para marchar juntos. Willie el hermano menor, que solo tenía nueve años, los seguía con ojos llenos de admiración. Los dos hijos mayores de Elena y Jaime White habían trabajado varios días para construir su tambor y orgullosos de su labor caminaban hacia la casa de los vecinos. Con dos cajas redondas de queso y una piel de oveja los hermanos crearon el tambor. A la piel le habían quitado la lana y ahora estaban listos para marchar.

Cuando la familia White llegó a Battle Creek en

1855 la casa donde vivían era la única en la cuadra. Pero con el tiempo empezaron a llegar vecinos y cuando comenzó la guerra, entre el sur y el norte (la Guerra Civil) en 1861 el ejército del norte tomó control del campo detrás de la casa de los Whites en Battle Creek para entrenar las tropas. Los tres hermanos White, hijos de Elena, gastaban horas y horas observando las actividades y las maniobras de los soldados. Cuando no estaban mirando a los soldados, los tres hermanos y sus amiguitos imitaban todo lo que los soldados hacían.

El conflicto entre el norte y el sur de la nación había rugido por varias décadas, pero hasta 1861 no se había tornado violento. Los norteños, empujados por los Abolicionistas, un movimiento contra la esclavitud de los afro-americanos creció en popularidad los años antes de la guerra. Especialmente en los estados norteños los Abolicionistas vivían convencido que los sureños debían reformar radicalmente su cultura y economía. En contraste los sureños creían que los norteños no entendían las condiciones que reinaban en el sur y por lo tanto no podían opinar sobre el asunto. Estas diferencias se hicieron más y más notorias hasta que explotaron en 1861.

El asunto se puso feo en la primavera de 1860 cuando los sureños amenazaron que sí Abraham Lincoln ganaba la elección a la presidencia de la nación en noviembre, ellos formarían su propia nación. Después de la elección, cuando Lincoln fue elegido, los eventos transcurrieron con una rapidez sorprendente. Antes que Lincoln dio su discurso de inauguración en Marzo de 1861 siete estados sureños declararon su independencia.

El presidente Abraham Lincoln, elegido por el partido Republicano, tomó control de la situación convencido que sobre todo él tenía que mantener la unión de los estados. No podía permitir que la nación se divida en dos. Fue en los primeros meses de su presidencia que la guerra comenzó, en Abril de 1861. En los primeros días de la guerra ambos lados entraron al conflicto convencidos que sería una guerra de unos pocos días.

A Elena White no le gustaba la admiración que sus hijos estaban desarrollando hacía el ejército y los soldados. Pero era difícil contrarrestar los espectáculos que los soldados daban a diario detrás de la casa. Elena no simpatizaba con los gritos patrióticos y los cantos populares que surgían con más y más frecuencia en Battle Creek. Enrique, que tenía 16 años, cantaba las melodías populares que la guerra producía con gusto, entusiasmo, y gozo. Enrique gozaba de una linda voz y un amor por la música. Con mucha frecuencia él, sus hermanitos y amigos del barrio se juntaban para cantar entusiamadamente mientras que los soldados marchaban en el campo detrás de la casa.

En Enero de 1861, varios meses antes que la guerra estalle, mientras que la pareja White visitaba el pueblo de Parkville, Michigan a unas 30 millas al sur de Battle Creek ocurrió un incidente que marcó la actitud que Elena y la Iglesia Adventista tendría hacia la Guerra Civil. El sábado de tarde un grupo de Adventistas se reunieron a escuchar al orador J. H. Waggoner. Después de una plegaria dada por Jaime White, Elena se paró y habló por unos pocos minutos. Al terminar ella se sentó y los presentes dicen que por veinte minutos estuvo en visión.

Después de la visión el Pastor Loughborough, que estaba presente, se acordó de las palabras de Elena;

"Los hombres se burlan del hecho que el estado

de Carolina del Sur se ha separado de la Unión de los Estados Unidos. Pero ellos no tienen la menor idea de lo que está por ocurrir a este país. Nadie en esta casa se puede imaginar los problemas que vienen."

"Se me ha mostrado que un número de estados se van a unir a Carolina del Sur. Y una guerra terrible será el resultado. En la visión ví grandes ejércitos levantarse del norte y del sur. Ví batallas rugiendo. Ví los cañones moverse en violencia, y los muertos y heridos cayendo por todos lados. Y entonces se me llevó a hospitales y ví los heridos y muertos, sufrimiento por doquier. En la visión se me llevó a los hogares de personas que perdieron hijos, hermanos, y esposos en la guerra. Había agonía y llanto en toda la tierra. Y hay hombres en esta reunión que perderán sus vidas."

Para Elena White la guerra no era algo que merecía ser romantizada. En el sur de la nación vivían 3.5 millones de hombres negros, descendientes de africanos victimas de la esclavitud. Nunca antes en la historia del planeta había surgido una esclavitud tan degradante. Los europeos raptaron a hombres, mujeres y niños del continente africano. Los llevaron en cadenas a las Américas y los habían denigrado a un estado de animal. Y la guerra, en la opinión de Elena, era el resultado de que una nación entera permitió esta situación.

No tan solo la nación se dividiría, sino también aún las Iglesias cristianas pasarían por momentos de división y separación. Los Presbiterianos, los Metodistas, Bautistas y otras denominaciones pasarían por cismas, peleándose sobre el asunto.

Pero para Enrique y sus amiguitos la guerra era el centro de atención, ellos pasaban horas marchando, tocando el tambor y cantando los cantos de guerra.

Una tarde llegó, uno de los vecinos de la familia

White, a pedir que por favor los hijos paren de tocar ese "maldito" tambor, él ya estaba cansado de escuchar tanto ruido. Elena y Jaime trataron de razonar con los hijos pero era difícil convencerlos. Para los niños la guerra era causa de gran excitación.

El norte estaba convencido que ellos le darían una paliza a los rebeldes (nombre que se le dio a los sureños) y tendrían todo bajo control en unas pocas semanas. Cuando Abraham Lincoln pidió por 500,000 voluntarios en mayo de 1861, al principio de la guerra, más de 700, 000 hombres del norte llegaron listos para pelear. Los norteños llegaron confiados que le darían una paliza que el sur jamás olvidaría.

En contraste el sur estaba convencido que aunque ellos eran menos, ellos no tendrían que atacar y pronto el norte se cansaría y les daría su independencia. En esas primeras semanas de la guerra, el sur y el norte como Enrique, Edson y Willie, pensaban que la guerra sería una gran aventura.

Para Elena y Jaime la guerra presentaba un castigo tremendo que Dios permitiría sobre los Estados Unidos de Norteamérica. Por lo tanto los Whites y los líderes de la Iglesia Adventista enseñaron durante los primeros años de la guerra que los jóvenes Adventistas no debían participar, en ninguna forma, en la guerra. A todo joven adventista se le aconsejó que no sea voluntario. Incluso Jaime White trabajó arduamente para reunir dinero para que los jóvenes de la Iglesia puedan pagar cuotas para no tener que ir a la guerra.

Elena White enseñó que la esclavitud era un pecado y no se debía apoyar en ninguna forma. Algunos, en la iglesia, trataron de defender la guerra porque mediante ella se eliminaría la esclavitud, pero ella insistió que, de parte del norte, la guerra no se estaba peleando para eliminar la esclavitud sino para preservar la unión. En la opinión de Elena la guerra no comenzó porque los estados del norte querían ponerle fin a la esclavitud sino porque los estados del sur deseaban continuar con ella. Por lo general al pueblo norteamericano no le importaba el hecho que los descendientes de africanos eran esclavos. Aun el Presidente Lincoln declaró en una carta a un amigo, "si pudiera preservar la unión sin desmantelar la esclavitud, lo haría".

Durante los primeros años de la guerra Abraham Lincoln jamás declaró que la guerra tenía como objetivo abolir la esclavitud.

En Agosto de 1861, unos meses después que la guerra comenzó Elena White escribió;

"Dios esté castigando esta nación por su alto crimen de esclavitud. Él tiene el destino de la nación en su mano." (1T p264)

Unos meses antes, comentado sobre la esclavitud, ella había escrito;

"La ley de nuestra tierra nos requiere que devolvamos los esclavos a su dueños,....... no debemos obedecer. Y tenemos que sufrir las consecuencias de no obedecerla. El esclavo no es propiedad de ningún hombre. .... Cuando las leyes del hombre están en conflicto con las leyes de Dios, debemos obedecer la ley de Dios, no importa la consecuencia." (IT p. 201, 202)

Cuando la guerra comenzó existían en los Estados Unidos varios grupos religiosos que se opusieron a la guerra. Por ejemplo; La Sociedad de Amigos (Quakers), La Iglesia Menonita, La iglesia de los Hermanos Alemanes Bautistas, La Sociedad de Creyentes en la Segunda Aparición (Shakers), La Comunidad de la Verdadera Inspiración (La Sociedad Amana), La Iglesia Schwenkfelder, Los Christadelfians, y los Rogerinos. La mayoría de estos grupos se oponían a la guerra por asuntos de conciencia. Elena, sin embargo se opuso por que la guerra era un castigo de Dios sobre una nación que había permitido la esclavitud.

Durante el siglo XIX, antes del comienzo de la guerra, la esclavitud se había convertido en uno de los negocios más lucrativos en la nación. Algunas de las ciudades mas grandes en los Estados Unidos, como Baltimore, Washington D.C., y Richmond se habían convertido en centros del tráfico de esclavos. Era común llegar a la capital de la nación y observar la venta de esclavos al lado de los corrales donde se los mantenía.

El estado de Virginia se convirtió en uno de los criaderos de esclavos. Uno de sus comerciantes, el Señor Thomas R. Dew, podía jactarse que el estado de Virginia producía mas de 6,000 esclavos anualmente y tenía las mejores condiciones para criar esclavos. Muchas de las empresas que vendían maquinaria para cultivar la tierra también se jactaban de una buena línea de esclavos para la venta. Era práctica común, en esos años, raptar a niñas de 13 ó 14 años de edad para que ellas comiencen a tener hijos que se vendían por 200 dólares al instante que nacían.

Esto era lo que Elena condenaba abiertamente e insistía que Dios no podían estar con una nación que permitía la existencia de estas condiciones y pretendía no ver lo que estaba ocurriendo.

Pero los niños no siempre ven las cosas como los adultos y tocar el tambor y cantar los cantos era tan atractivo para Enrique, Edson, y Willie que aún cuando los padres lo prohibieron, la tentación era muy grande. Un día cuando los padres salieron de la casa y los tres estaban seguros que no iban a molestar a nadie. Enrique sacó el tambor y tos tres salieron a marchar.

El tiempo pasó rápidamente sin que los tres

hermanos se dieran cuenta que su padre volvía rumbo

a casa. Jaime White escucho el sonido del tambor en la distancia. Cuando los niños vieron al padre caminando por la calle los tres salieron disparados dejando el tambor tirado en un galpón detrás de la casa. Cuando Jaime llegó, no dijo nada, pero camino firmemente por la casa, buscó el hacha en el galpón, y la vida del famoso tambor llegó a su fin.

Capítulo 13

Los Inicios del Mensaje Pro-Salud

La semana zumbó con viajes, sermones, y tensiónes. Elena y Jaime viajaron vía tren varias noches durante la semana, a veces toda la noche, para llegar a distintas ciudades. Reuniones evangelísticas consumieron el tiempo de ambos esposos en forma extraordinaria. Jaime predicó varios sermones y los dos, Elena y su esposo, durmieron muy pocas horas durante la semana. El ritmo intenso de actividades agotaron los cuerpos de la pareja White amarrándolos con tensión y cansancio.

En un esfuerzo para descansar, una mañana, temprano, la pareja salió caminando de su casa en Battle Creek, a comprar leche de un vecino cercano. Al volver a casa pasaron por un campo donde el maíz crecía robustamente. Admirando las mazorcas grandes de maíz que crecían en las plantas Elena escuchó un ruido extraño salir de la boca de Jaime. Se dio vuelta rápidamente. Vio que su esposo no podía mover su brazo y apenas podía hablar. Terror brillaba en sus ojos.

Ahí en el campo, a una distancia de la casa Jaime agonizaba con un infarto paralítico. Asustada Elena abrazó a Jaime para que no caiga al suelo. Apoyándose sobre ella Jaime logró caminar lentamente a la casa. Parte del cuerpo de Jaime estaba totalmente paralizado. Con una cara de horror Jaime miraba a Elena y lo único que podía decir desesperadamente era;

"ora, ora!"

La condición física de Jaime y Elena reflejaba la condición de muchos de los dirigentes de la Iglesia Adventista a principio de las décadas de los 60s. La mayoría de los pastores del movimiento Adventista gastaban un número increíble de horas cumpliendo con todas las tareas que el movimiento requería de ellos. Durante la Guerra Civil, 1861-1865 esas tareas se intensificaron aún más ya que los dirigentes trataron de proteger a los jóvenes de la iglesia de las demandas de la guerra. Muchas horas se utilizaron para que los jóvenes Adventistas no tengan que tomar armas en este conflicto.

Como consecuencia de la intensa actividad la salud de muchos de los dirigentes, incluyendo Uriah Smith y J. N. Loughborough, dos de los dirigentes más importantes del movimiento Adventista, estaban en la misma condición física de los esposos White.

Elena y Jaime White habían abandonado la ciudad de Rochester, Nueva York en 1855 con la idea que ellos lograrían descansar en Battle Creek, Michigan. En Battle Creek, ellos analizaron, podrían realizar todas las tareas que el joven movimiento Adventista había cargado sobre ellos con el apoyo de creyentes que estaban dispuestos a ayudar. La tarea de publicar literatura y visitar congregaciones Adventistas que florecían en el norte de los Estados Unidos se había convertido en una tarea tan gigantesca que ya, la pareja White, no podía con ella. Por eso habían salido de Rochester convencidos que con el cambio de lugar y disminución en responsabilidades su situación mejoraría, pero eso no había sucedido

En Battle Creek las cosas no cambiaron. Con el pasar de los años Elena y Jaime se encontraron en el mismo lugar de donde habían estado huyendo diez años atras. Los dos aceptaban más y más responsabilidad en el Movimiento Adventista. Los horarios de trabajo se alargaban paulatinamente con el pasar de los meses y años. La joven pareja viajaban con más y más frecuencia hacia el oeste o el este visitando iglesias, dando conferencias, resolviendo disputas teológicas, y escribiendo. Aunque el lugar había cambiado y las tareas eran diferente, la realidad era que Elena y Jaime se encontraban una vez más quebrantados de salud.

Y lo triste de la situación era que Elena y Jaime, en parte, eran culpables de su estado físico deplorable. Aunque en la primavera de 1863 Elena había experimentado una visión donde se le hizo ver la importancia de la salud y de cuidar el cuerpos, no todos los principios que ella empezó a enseñar fueron incorporados en la vida diaria de los Whites. Les tomó varios años, después de la visión sobre la reforma pro salud, para aceptar y comenzar a vivir lo que ellos predicaban y escribían.

Después de la visión, en 1863, Elena comenzó a escribir extensamente sobre la importancia de la salud. Inicialmente preparó seis folletos titulados "Salud o

Como Vivir". Además de lo que Elena escribió en esos folleto los Whites incluyeron, en esa publicación, artículos de no Adventistas que ellos pensaban apoyaban las ideas pro-salud. Durante este período aparecieron muchos artículos en la Revista Adventista escritos por Elena y su esposo sobre la salud. También fue en esta década que Elena y su esposo comenzaron a publicar otra revista, El "Reformador de la Salud," 1866.

Aunque Elena predicó y escribió sobre estos principios no siempre los practicó. Le fue muy difícil a Elena quitar la carne de su dieta. Antes de la visión, ella se había convencido que necesitaba comer carne tres veces al día para poder subsistir. Incluso cuando no comía carne en una de las tres comidas diarias ella sentía dolores de cabeza y estómago. Al principio parecía que iba a ser imposible adaptarse a no comer carne. Eventualmente con un tremendo esfuerzo personal Elena logró dejar la carne.

Otra reforma que eventualmente Elena incorporó en la vida diaria de su familia fue la de comer dos veces al día. Aunque inicialmente fue difícil adaptarse a estos cambios eventualmente ella descubrió que se sentía mucho mejor, y gozaba de más energía, cuando comía menos.

Otro beneficio de las reformas fue que los dos, Jaime y Elena, podían testificar en sus sermones y artículos del nuevo vigor inyectado en sus vidas como resultado de estos cambios. Nunca antes se habían sentido con tanto vigor y llenos de energía. Notaron que podían trabajar más horas sin sentirse tan cansados.

Pero en la arena del descanso, a los Whites les tomó mucho tiempo para comprender su importancia. Si llegaba un llamado para resolver un conflicto en alguna iglesia ellos salían disparados a solucionarlo. Si se necesitaba un predicador en alguna reunión ellos siempre aceptaban la invitación. Los dos colocaban peticiones extraordinaria sobre sus cuerpos. En la producción de artículos para la Revista Adventista, capítulos de libros, o folletos, ellos siempre los hacían a costo de sus cuerpos, trabajando largas horas de la noche. El resultado de este estilo de vida era que los cuerpos de Elena y Jaime descansaban muy poco.

Eso llevó a Jaime al infarto paralítico. Por cinco semanas Jaime quedó en casa sin poder mover parte de su cuerpo y aparentemente su situación no mejoraba. Elena trató de curar a su esposo con baños y tratamientos eléctricos sin mucho éxito. Desesperada Elena tuvo que dedicar más tiempo y energía para encontrar alguna forma para sanar a Jaime.

A unas 40 millas al sur de Rochester, Nueva York, donde los Whites habían vivido por varios años, funcionaba un sanatorio llamado "Our Home on the Hill-side" (Nuestro Hogar sobre el Lado de la Colina) del Dr. Jackson. Ubicada en la ciudad de Danville esta institución tomaba pacientes cuyos cuerpos estaban desgastados y mediante el descanso, una dieta apropiada, baños de agua, y recreación los pacientes restauraban su salud. Elena White escuchó hablar de este lugar por varios años, incluso había leído artículos sobre lo que el Dr. Jackson hacía en su institución. Además la pareja White visitó, unos meses después de la visión pro-salud de 1863, la institución del Doctor Jackson.

Varios Adventistas le habían contado de los éxitos que el sanatorio lograba con sus pacientes, aun un médico Adventista trabajabs en ese sanatorio. Aunque Elena no simpatizaba con algunos de los tratamientos que se practicaban en Danville, cuando era evidente que la salud de Jaime no mejoraría la pareja tomó la decisión que viajarían a Danville a internar a Jaime.

Cuando llegaron los White, el Dr. Jackson tomó mucho tiempo para diagnosticar la situación de Jaime. El doctor llegó a la conclusión que Jaime se había convertido en un fanático religioso y eso lo tenía enfermo. Si se le quitaba tanta oración y culto y se le añadía a su horario diario juegos de cartas y bailes en unos nueve meses Jaime mejoraría su condición, opinó el Dr. Jackson.

Elena por supuesto no concordó con el diagnóstico del Dr. Jackson. Pero al ver la condición de su esposo ella trató de adaptarse a algunas de las recetas de Jackson. Sin embargo cuando pasaron las semanas, y los meses, y ella no veía una diferencia notoria en su esposo Elena decidió sacar a su esposo de ese lugar. Ella estaba agradecida por todo lo que el Dr. Jackson había hecho por su esposo, pero llegó a la conclusión que aunque el Sanatorio de Danville era considerado la mejor institución de ese tipo en la nación, no era lo que Jaime necesitaba.

Elena decidió llevarse a Jaime de Danville. Sabía que Jaime no tenía suficiente fuerza para viajar hasta Battle Creek, Michigan pero logró convencer a Jaime que ellos podrían ir hasta Rochester. Inmediatamente comenzaron a empacar y temprano en la mañana, en el frío y la lluvia de Diciembre de 1865, la pareja White viajó en una carreta tirada por un caballo, a la estación de tren y de ahí a Rochester.

No fue fácil convencer a Jaime que debían irse de Danville. En los últimos años, antes del ataque, Jaime se había vuelto más y más negativo. Su intemperancia, y falta de descanso lo dejaba totalmente agotado. Todo lo asustaba. Los problemas diarios minaban su energía y lo dejaban pensando por largas horas sobre su vida, la vida de su familia, y del movimiento Adventista. El futuro y lo que podía pasar con su familia lo aterrorizaba. El ritmo continuo de trabajo y su actitud lo habían quebrantado.

Refiriéndose a este episodio Elena escribió:

Yo ví en el nombre y el poder de Dios que mi esposo tiene que resistir la enfermedad, mediante el poder de su voluntad él tiene que elevarse más alla de sus sentimientos pobres. Él debe imponer su libertad en el nombre y el poder del Dios de Israel. Debe de parar de hablar y pensar lo más pésimo, de si mismo. Él debe estar alegre y feliz. (Testimonies Volume I p. 620).

Las experiencias con Jaime y el sanatorio de Danville dejaron una impresión inolvidable en la mente de Elena. Fue en estos días que ella comenzó a pensar que la Iglesia Adventista debía organizar su propio sanatorio donde se pueda usar los principios que ella había comenzado a practicar en su vida como resultado de su experiencia con Jaime.

Cuando se convocó la Asociación General de los Adventistas en Mayo de 1866 existía el sentir que algo andaba mal con el movimiento. Muchos de los dirigentes estaban postrados con enfermedades y aflicciones. Jaime White que era el presidente de la Conferencia General no pudo estar presente por su estado débil de salud.

Esta situación impulsó a los presentes a organizar sesiones de ayuno y oración. Los representantes sentían que el movimiento Adventista necesitaba algo, que algo andaba mal. En la reuniones del sábado Elena habló dos veces a los representantes. En uno de sus sermones dijo;

"Se me ha mostrado que nuestro pueblo que

guarda el sábado ha sido negligente en actuar sobre la luz que Dios nos ha dado sobre la reforma pro-salud, aún hay un trabajo tremendo ante nosotros, y que como un pueblo hemos sido muy atrasados en seguir la abierta providencia de Dios a la cual Él ha escogido guiarnos.

Se me mostró que el trabajo de reforma pro-salud apenas se ha tocado. Mientras que algunos lo sienten profundamente y toman pasos de fe otros se mantienen indiferentes y ni han tomado el primer paso de reforma..."

En el transcurso de su sermón Elena declaró;

"Se me ha mostrado que nosotros debemos crear un hogar para los enfermos y los que desean saber como cuidar de sus cuerpos y evitar las enfermedades."

Antes de terminar ella dijo;

"Nuestro pueblo tiene que tener su propia institución, bajo su control, para el beneficio de los enfermos y los que sufren entre nosotros que desean tener salud y fuerza para glorificar a Dios en sus cuerpos y espíritus, y que pertenecen a Él. Una institución de este tipo, dirigida en forma correcta, sería la forma de llevar nuestras ideas ante muchos............."

Como resultado de ese sermón unos pocos meses mas tarde, el 16 de Septiembre de 1866 las puertas del Instituto de Reforma de Salud del Occidente se abrieron al público. Elena White dio $500 del presupuesto de la familia White para que esta institución se convierta en realidad. Convencida que este instituto sería otro método para llevar las Nuevas del Evangelio a todo el mundo Elena jugó un papel central para establecer este instituto que sería el primero de muchos sanatorios que se establecerían a través de los años, manejados por la Iglesia Adventista.

Capítulo 14

Elena y la Educación Adventista 1870-1880

En 1864 El Pastor Jaime White llegó a la casa de la familia Kellogg en Battle Creek Michigan, donde vivía Juan Harvey, un niño de doce años de edad. Jaime White necesitaba un niño que trabaje en la imprenta buscando mandados, corriendo mensajes, y limpiando el taller; alguien responsable, que cumpla con lo que se le pedía. Elena y Jaime White habían escuchado hablar de Juan. Varios miembros de la iglesia en Battle Creek habían comentado de su empeño, su entrega, al verlo participar frecuentemente en las actividades de la iglesia y la comunidad.

La familia Kellogg tenía fama de ser una de las familias más importantes en la comunidad adventista de Battle Creek. El papá de Juan tenía su propio negocio y frecuentemente apoyaba la iglesia con prestamos y regalos de dinero. Juan, aunque era pequeño de estatura, impresionó a varios creyentes de la Iglesia en Battle Creek como un niño responsable, con un buen futuro, apesar de su juventud.

Juan, escuchó el plan y le encantó la idea. Con la noticia sus ojos brillaron con entusiasmo, no podía creer que se le confiara tanto. Como Juan no iba a la escuela y ya había tenido algunos empleos en el pueblo, el niño vio la oferta como una gran oportunidad. En esos días durante la Guerra Civil, en Battle Creek, los Adventistas seguían convencidos que Cristo volvería muy pronto y consideraban la educación formal un lujo. Juan había abandonado la escuela y consideraba ayudar a sus padres más urgente que seguir su educación. Por lo general la comunidad Adventista de Michigan consideraba la educación pública con sospecho, muchos aún le tenían miedo.

Juan, muy probable aprendió a leer con su mamá y hermanos. Asistió brevemente a una escuelita dirigida para los hijos de Adventistas que vivían en Battle Creek. Pero esa escuelita no duró mucho tiempo. Juan vio la oportunidad de trabajar en la imprenta como una gran oportunidad de aprender una profesión.

Por cuatro años, comenzando en 1864, Juan trabajó para la imprenta de la Revista Adventista bajo la supervisión de Jaime White y la influencia de Elena. Primeramente como un niño de mandados y con el pasar del tiempo Juan ayudó a editar artículos que llegaban a la prensa. Juan leía apasionadamente. Tenía su propia colección de libros y le gustaba la medicina. Muy probable, Juan devoró todo lo que Elena White escribía sobre la salud. Eventualmente estaba ayudando a editar la revista "The Health Reformer" (El Reformador de la Salud) cuando tenía solo 15 y 16 años de edad.

La experiencia del niño, Juan Kellogg, ilustra la actitud de Elena y de la comunidad Adventista de Battle Creek hacia la educación formal, durante y después de la Guerra Civil. Leer y escribir para los Adventistas era importante solamente porque mediante la lectura se podía entender y propagar el Evangelio. Para los pioneros de la Iglesia Adventista el Evangelio y su propagación constituía la empresa más importante. La educación, mientras que ayudaba en esta empresa, tomaba importancia. Si no ayudaba simplemente estorbaba.

Con el pasar del tiempo, sin embargo, el hecho que Cristo no volvía cambió el valor que los Adventistas asignaban a la educación. En el pensar de Elena la educación comenzó a tomar más y más importancia. Inicialmente Elena y Jaime vieron a las escuelas públicas como lugares donde se exponían a los niños a un lenguaje vulgar, peleas, y conflictos. Por lo tanto ellos no mandaron a sus hijos a esas escuelas. Elena consideraba que los niños mismos eran los mejores maestros de los niños y lo que aprendían en la escuela pública dejaba mucho que desear. Ella no veía mucha diferencia entre la educación que un niño conseguía en la calle comparada a la que conseguía en una escuela pública. Como resultado ella insistió que los hogares Adventistas tenían que tomar la responsabilidad de la educación a sus hijos.

Como era evidente que muchos padres, en Battle Creek, no tomaban control de sus hijos en 1858 Elena jugó un papel central en pedirle a John Fletcher Byington que organice una escuela para los hijos de padres Adventistas en Battle Creek. En dos ocasiones anteriores se había tratado de comenzar una escuela Adventista, pero siempre los esfuerzo habían terminado en fracaso. La primera vez Roberto Holland inició la escuela y enseñó en ella por un año. El siguiente año Louise M. Morton continuó con la escuela recibiendo 25 centavos por alumno semanalmente. Aunque esta escuelita sobrevivió varios años los padres adventistas creían que Jesús volvería muy pronto y por lo tanto era difícil convencerlos que paguen cuotas semanales para educar a sus hijos. Eventualmente la escuela de Byington también fracasó.

Nueve años más tarde en 1867 un paciente del Instituto de Reforma del Occidente, Goodloe Harper Bell, fue asignado, como parte de su terapia, a cortar leña para la imprenta de la Revista Adventista. Un día, Edson White, uno de los hijos de Elena que trabajaba en la imprenta salió afuera y entabló una conversación con Bell. Descubrió que Bell era un maestro que cursó algunas materias en Oberlin College. Edson le contó a Bell que él odiaba la gramática. Bell le explicó que muy probable la odiaba porque no la entendía o no la aprendió apropiadamente por lo contrario la gramática era una materia fascinante.

Pronto la amistad entre Edson y Bell llevó a la organización de clases sobre gramática y escritura para todos los jóvenes que trabajaban en la imprenta. A Jaime y a Elena les encantó ver a sus hijos tan entusiasmados con el aprendizaje. Pero igual como las otras escuelas en el pasado dirigidas por Adventistas la escuela de Bell tuvo sus altas y bajas.

Hasta la década de los 1870 la necesidad de una buena escuela o colegio no constituía una de las prioridades de la comunidad Adventista de Battle Creek. Pero después de la Guerra Civil el mundo de Norteamérica comenzó a transformarse rápidamente.

El egoísmo y la corrupción que la guerra vio florecer en los campos de batalla soltó sus riendas sobre la nación. Saturó todos los rincones de la nación, especialmente las ciudades. Aún en la ciudad de Battle Creek que era una ciudad relativamente pequeña los efectos de la corrupción y el egoísmo tuvieron impacto.

La pobreza en las grandes ciudades, durante estos años, tomó saltos gigantescos. En la ciudad de San Francisco como en otras ciudades las víctimas de los cambios que saturaron la sociedad Norteamericana fueron los inmigrantes. El inmigrante chino en la ciudad de San Francisco era tratado como animal. Un policía, George Duffield testificó ante el Senado de la nación en 1876 que los chinos eran en su mayoría criminales, y las mujeres prostitutas. Con esta actitud de un policía no es difícil imaginarse el horrible trato que los inmigrantes chinos recibían en esa ciudad.

El trato que los chinos recibían en California tenía paralelos en todas las ciudades grandes de la nación. En el sur de la nación, aunque la esclavitud había sido abolida la comunidad afro-americana seguía siendo víctima del odio y la ignorancia de los blancos. Durante estos años organizaciones secretas como la Ku Klux Klan, dedicadas a la exterminación de los afro-americanos, judíos, y católicos, ahorcó a cientos de hombres afro-americanos acusados de crímenes que no cometieron.

En el sudoeste de la nación los mexicanos perdieron sus tierras y sufrieron circunstancias similares a la de los afro-americanos.

Miles y miles de hombres mujeres y niños en las grandes ciudades de la nación cayeron en una pobreza horrible. Ya para 1870 vivían 1.138.353 extranjeros en la ciudad de Nueva York. Un gran porcentaje de ellos no tenían empleo. Los Irlandeses, que eran los recién llegados y en su mayoría católicos recibían el peor trato. La mujer y los niños caían víctimas de una explotación cruel en casi todas las ciudades grandes del norte. La ignorancia reinaba. La enfermedad tomó las vidas de miles.

Mientras que la pobreza, como un plaga incontrolable, comenzó a propagarse en todos los rincones de Norteamérica, otros lucían sus riquezas sin vergüenza. En Nueva York el señor Jim Fisk construyó un castillo de mármol en el centro de la ciudad que contenía su ópera privada. Traía de todos los rincones del mundo estrellas y bailarinas para entretenerlo. Viajaba, por las calles de la ciudad con mucha pompa en una carroza tirada por seis caballos, los de una fila negros y los de la otra blancos. En su apartamento tenía cientos de canarios en jaulas de oro. Sus caballos vivían en establos más lujosos que las casas de los pobres. En una ocasión Fisk recibió al presidente de la nación, U.S. Grant, en su castillo, vestido con encajes de oro.

Aparentemente la Guerra Civil tuvo impacto destructivo sobre el estado moral de la sociedad norteamericana. El escritor más popular de la época, Horació Algers, un ex-pastor Unitariano, tuvo que dejar su Iglesia cuando algunos niños varones le comenzaron a contar a sus padres las cosas que él hacía con ellos en privado. Al predicador más famoso de la nación, Enrique Ward Beecher, se le acusó de tener una amante en su congregación. Los congresistas más poderosos de la nación vendían sus votos al que pagaba más. El Presidente de la nación miraba en la otra dirección cuando sus ayudantes llenaban sus bolsillos con dinero.

Durante esta época aparecieron bandidos y pandilleros en todos lados. Jesse James el más famoso aterrorizó los estados de Kansas y Misuri por casi diez años, robando trenes. La prostitución, aunque ilegal, floreció en casi todas las ciudades. La cantidad de dinero que se invirtió en licor saltó de $29,000,000 en 1860 hasta 193,000,000 en 1880. El egoismo que busca dinero no importa el costo apareció en la política y en los negocios en todos los sectores de la sociedad. La administración del presidente Grant logró fama por ser la más corrupta en la historia de la nación.

Es en este mundo que los Adventistas comienzan a re-examinar su actitud hacia la educación. En 1872 la actitud de la comunidad adventista de Battle Creek comenzó a cambiar. En ese año Elena tuvo una visión sobre los principios de la educación y escribió unas treinta páginas tituladas "Educación Apropiada". En el último párrafo del documento Elena escribió; "necesitamos una escuela". Ese documento contiene los principios fundamentales de la educación adventista. Con ese documento se solidificó una nueva actitud hacia la educación. Los principios que Elena expuso, en esas páginas, dieron inicio a una serie de discusiones sobre la necesidad que la Iglesia Adventista tenía de fundar un colegio propio.

En Mayo de 1872 la Conferencia General de los Adventistas del Séptimo-Día votó la formación de una escuela bajo el liderazgo del profesor G. Harper Bell. Elena insistió que el lugar donde la escuela fuese ubicada tenía que tener suficiente espacio para proveer trabajo para los alumnos. Ella concordaba con las ideas que ya se estaban practicando en algunos colegios en Norteamérica, como la noción que insistía que la educación no tan solo debe ser intelectual sino también manual. Campos para el cultivo de la tierra eran esencial en la opinión de Elena. Ella ayudó a escoger un local en las afueras de Battle Creek para ubicar el nuevo colegio. Pero los deseos de Elena no se realizaron.

La razón principal que no se compró el terreno que Elena quería para el nuevo colegio fue por la condición económica de la Iglesia Adventista en estos años. Durante la Guerra Civil y varios años después de la guerra el norte de los Estados Unidos había estado pasando por una expansión económica extraordinaria. Los europeos habían estado injertando capital en la economía norteamericana produciendo una época de crecimiento explosivo. Pero en 1870, antes que los Adventistas comenzaron a debatir la idea de un colegio, estalló la guerra entre Francia y Prusia. Como resultado el capital europeo comenzó a resistir viajar a Norteamérica. En esos años las compañías del ferrocarril habían invertido grandes cantidades de capital en la construcción de vías de tren. En 1869 la vía transcontinental que unía la costa del Pacífico con la costa del Atlántico consumió grandes cantidades de capital especulativo. Todo esto preparó el camino para una gran crisis económica.

Para empeorar la situación en 1871 un fuego en la ciudad de Chicago le costó a las compañías de seguro más de $200.000.000 y al año siguiente un fuego en Boston costó mas de $73.000.000. Todo esto provocó, en 1873, un golpe económico que dejó a la nación en una de las grandes depresiones de su historia.

Es en ese año que Elena y Jaime, antes que la propiedad para el nuevo colegio Adventista se pueda comprar, viajaron a California. Elena lloró cuando recibió una carta en California, del Presidente Butler de la Asociación General de los Adventistas, informándole que los dirigentes de la iglesia habían decidido no comprar el terreno. Convencidos que tanto espacio no era necesario, ellos se conformaron con doce acres en Battle Creek más cerca del Instituto de Salud.

Durante la década de los 1850 Elena y Jaime

habían jugado un papel central en la formación de la imprenta de la Revista Adventista. Durante la década de los 1860 el papel que ellos tomaron en el sanatorio de Battle Creek fue esencial. Y ahora en la década de los 1870 la influencia de Elena se sintió otra vez al fundar el primer Colegio Adventista, Battle Creek College.

Como todas las otras instituciones fundadas con la ayuda y el apoyo de Elena White el colegio comenzó con personas que no sabían mucho, o no tenían la experiencia necesaria para administrar tal institución. Pero aún así estas tres instituciones crecerían en forma lenta pero segura y jugarían un papel central en el futuro de la Iglesia Adventista del Séptimo Día.

Los ferrocarriles abrieron las puertas para la expanción de la población norteamericana hacia el oeste.

Capítulo 15

Se Abre el Horizonte

La nieve, los pinos, las peñas, los chorros de agua que se deslizaban por los cañones de la montaña inundaban los sentidos de Elena mientras que el caballo que ella montaba trotaba por el camino rocoso. Los amigos habían avanzado dejándola a ella y a Jaime unos metros detrás del resto del grupo. La nieve brillaba como plata en las puntas de las Montañas Rocky. Los pinos robustos soltaban un aroma que llenaba los pulmones de Elena. Las inmensas peñas obstruían los chorros de agua blanca que se deslizaban por la montaña. Elena jamás había visto tanta belleza. La brisa susurraba y se ondulaba entre los pinos y su pelo, refrescando su espíritu y su cuerpo.

Elena y su esposo jamás se hubieran imaginado

que ellos estarían visitando las Montañas Rocky en el estado de Colorado en el verano de 1873. El plan había sido visitar y predicar en todos los "Camp Meetings" de los estados de Iowa, Illinois, Wisconsin, y Minnesota durante el verano y llegar a California en el otoño para el "Camp Meeting" de Septiembre, en el norte del estado.

Pero cuando terminó el "Camp Meeting" de Iowa, el primero del itinerario, los dos se dieron cuenta que sus cuerpos no tenían la energía para seguir con ese ritmo todo el verano. Ahí tomaron la decisión de visitar la hermana mayor de Elena que vivía en Ottawa, Kansas. Ellas no se había visto por mas de 20 años. La visita sería refrescante y se alargó a dos semanas. Antes de irse la hermana, Carolina le pidió a Elena que pase por la casa de la hija en Colorado, para que ella y sus familiares también escuchen el mensaje y los sermones de Elena y Jaime.

En Colorado la hija de Carolina con su esposo invitaron a Jaime y a Elena que tomen unos días para pasear y ver la belleza de las montañas Rocky. A la pareja White le pareció bien la idea. Unos días más tarde Elena viajaba, montada en un caballo, por las montañas del estado de Colorado. Era la primera vez que Elena había viajado tan lejos de su hogar. También era la primera vez que se podía decir que ella, su esposo y un hijo tomaron una vacación. Hasta este punto en la historia de la vida de Elena la pareja había vivido corriendo. La urgencia de la proclamación del evangelio no les había dado el lujo de vacaciones.

Ahora Elena con su esposo, rumbo a California, tomaron unos días para descansar. El viaje de la pareja White marca una nueva etapa en la historia del movimiento Adventista y de la vida de Elena. Hasta este tiempo el mundo de los adventistas se había definido en el centro de la nación con Battle Creek, Michigan como su capital. Elena viajó frecuentemente a otros estados, pero siempre cerca de Michigan. Aunque el movimiento había nacido en la Nueva Inglaterra el crecimiento de la Iglesia Adventista en el noreste de la nación avanzó lentamente. Comenzando en 1867 cuando la feligresía de la Nueva Inglaterra incluyendo Nueva York y Pennsylvania era de 1,936 miembros ese sector del país no lograría duplicarse. El verdadero crecimiento había ocurrido en el centro del país en Michigan y los estados cercanos. Ahí en la zona de los grandes lagos el número de creyentes saltó de 2,651 en 1870 a 7,927 en 1885.

Ahora, montada a caballo, Elena estaba viajando a las costas del Pacífico. Ya unos pocos miembros de la iglesia crearon comunidades en ese estado. Los horizontes de Elena y del Movimiento Adventista se estaban agrandando. El texto en Mateo, que se convertiría en un texto favorito del Movimiento Adventista, "Id y predicad a todo el mundo", aún no formaba parte central del pensar Adventista. Todavía los Adventistas del Séptimo-Día no se veían ni se proyectaban a un mundo global. Pero eso estaba cambiando. En 1871 Elena había escrito;

"Los varones jóvenes deberían prepararse a si mismo aprendiendo otros idiomas, para que Dios los pueda usar como medios de comunicación.... a los de otras naciones. Refiriéndose a las señoritas ellas escribió. "Ellas se podrían dedicar al trabajo de traducción"(Life Sketches p. 204)

Estas palabras proyectaban un cambio notorio en el Movimiento Adventista y en Elena. Cuando ella había aceptado el evangelio, en los 1840s, la urgencia era contarle a otros que Cristo llegaría muy pronto. En ese mundo de Elena todos conocían de Cristo la tarea era avisarles de su pronta venida. Ahora en los 1870s la tarea había cambiado. Elena se estaba dando cuenta que no todos conocían de Cristo. Que habían muchos lugares, muchas naciones que aún ni habían escuchado de Cristo. Los horizontes de Elena y del Movimiento Adventista se estaban expandiendo.

La expansión Adventista hacia la costa de California comenzó unos diez años después del descubrimiento de oro en el norte de California en 1848. California había sido territorio español, la Nueva España, hasta 1821 cuando México se declaró independiente de la Madre Patria. Por más de 25 años California fue territorio de la nación Mexicana, hasta 1847 cuando el territorio de la Alta California, Texas, Arizona, Nuevo México, y porciones de otros territorios cercanos quedaron en las manos de los Estados Unidos como resultado de la Guerra de 1847. El siguiente año miles y miles de hombres comenzaron a llegar a California, cuando la noticia que se había descubierto oro viajó como un huracán a todos los rincones de las Américas y aún el oriente.

Merritt G. Kellogg, un medio hermano de Juan Kellogg, uno de los primeros Adventistas que viajó a California en 1859, abrió la puerta de California a los Adventistas. Unos cinco años más tarde una docena de adventistas se reunían cada sábado en Oakland, California. A la Asociación General de 1868 apareció Merritt Kellogg rogando que se le mande misioneros y ayuda a los creyentes de California. En esas reuniones se tomó la decisión de mandar dos misioneros a California. En Julio de ese año Juan N. Loughborough, Daniel T. Bourdeau, y una carpa para reuniones evangelísticas salieron rumbo a California.

Cuando Elena y Jaime viajaron a California en 1873 ya los creyentes en California tenía varias congregaciones, planes de establecer una escuela, un sanatorio, y una casa editorial.

El crecimiento de la iglesia en California fue explosivo, comparado a lo que estaba sucediendo en la Nueva Inglaterra donde el Movimiento Adventista tenía sus raíces. Esa explosión refleja el gran movimiento de hombres y mujeres hacia el oeste de los Estados Unidos que sucedió a mediados del siglo 19. La expansión hacia el oeste del país había empezado antes de la Guerra Civil. La guerra disminuyó esa expansión por unos pocos años, pero después de la guerra el movimiento comenzó una vez más, aún con más potencia.

Miles y miles de europeos comenzaron a viajar a los Estados Unidos inmediatamente después de la Guerra Civil. La revolución industrial como un león hambriento necesitaba más y más mano de obra barata. Los ferrocarriles publicaban folletos que se distribuían en Europa pintando maravillas de los Estados Unidos. Junto con la explosión demográfica de Europa estas fuerzas instigaron un movimiento masivo de personas que abandonaban Europa y viajaban a Norteamérica.

Los inmigrantes del norte de Europa, generalmente campesinos, llegaron a las tierras fértiles de Wisconsin, y Minnesota. Generalmente llegaban a Nueva York o Boston y de ahí se embarcaban en trenes rústicos que tenían las mismas comodidades de los trenes que transportaban animales. En Chicago el chorro humano continuaban su viaje hacia el oeste, si algún sinvergüenza, de los cuales habían muchos, no se aprovechaba y les quitaba el poco dinero que les quedaba.

Antes de la Guerra Civil la mayoría de los inmigrantes habían sido del norte de Europa. Después de la Guerra el bulto de los inmigrantes llegaron del sur y del este de Europa. Estos generalmente eran italianos, polacos, rusos, húngaros, y griegos que llegaron a las grandes ciudades de la nación

El hecho que los pasajes de Europa a las Américas bajaron dramáticamente después de la Guerra Civil apoyó este movimiento masivo. Surgieron compañías de barcos a vapor que competían por el negocio de los inmigrantes. Incluso las compañías de barcos a vapor trabajaban en harmonía con las compañías de ferrocarril logrando bajar los precios en forma increíble. Durante la década de los setenta era posible viajar desde Stockholmo hasta Chicago por solo $20.00 y cruzar el Atlántico por solo $12.00.

Con la llegada de tanto inmigrante a Norteamérica la naturaleza de la iglesia Adventista comenzó a cambiar. Los inmigrantes transformaron los valores y las estrategias de la iglesia. En los primeros 25 años la iglesia había sido mayormente una iglesia de Yankees, campesinos anglo-sajones nacidos y criados en el noreste de los Estados Unidos principalmente en la Nueva Inglaterra. Aunque igual como los inmigrantes de Europa los Yankees también se vieron forzados a dejar el campo e huir a las ciudades.

En 1863 un joven danés, Juan Gottlieb Matteson, abrazó las enseñanzas de los Adventistas en el estado de Wisconsin. En muy poco tiempo el joven comenzó a publicar un periódico en danés y toda una congregación de inmigrantes de Holanda formaron la primera Iglesia Adventista de Holandeses en 1868 en Albert Lea, Minnesota. Matteson recibió mucho ánimo de algunas familias noruegas y como resultado de ese apoyo, fue el fundador de la primera iglesia de inmigrantes noruegos en Chicago en 1871. En Iowa fundó tres iglesias y surgieron iglesias de inmigrantes en Kansas, Wisconsin y Misuri gracias al trabajo de

Matteson.

En 1878 un inmigrante alemán, Louis Richard Conradi, que alquiló un cuarto de una familia adventista en el estado de Iowa fue impresionado por los cultos y el cariño en ese hogar. Después de leer el libro de Uriah Smith, Daniel y Apocalipsis, Conradi se fue a Battle Creek College y terminó el curso de cuatro años en uno. Al terminar su curso se fue a South Dakota a trabajar con inmigrantes Menonitas de descendencia rusa-alemana.

El éxito entre los inmigrantes empuja a los dirigentes Adventistas a publicar periódicos en danés en 1872, en sueco en1874, en francés 1876, y en alemán en 1879.

Durante este período de expansión fue que Elena y Jaime iniciaron su viaje a California y gozaban de la belleza de las montañas Rocky. Elena miraba el río que descendía como una culebra entre las peñas cuando notó que la ropa que ella había amarrado detrás de la montura se estaba desatando. Se dio vuelta y comenzó a amarrar las frazadas cuando el caballo se espantó por alguna razón y tiro a Elena. Elena cayó sobre su espalda y se pegó contra la cabeza y el hombro.

Jaime y los amigos corrieron a ayudarle. La acostaron en una cama que hicieron y se quedaron un día en ese lugar para asegurarse que Elena estaba bien. Una vez que ellos estaban convencidos que Elena podía viajar siguieron su viaje. Después que Elena, Jaime y Willie bajaron de la montañas la familia White viajó de Denver, Colorado a Cheyenne, Wyoming donde tomaron el tren que cruzó las Montañas Rocky y los llevó a San Francisco, California.

Al año siguiente, en 1874, en California Elena tuvo un sueño.

"Soñé que los hermanos en California se reunieron en un concilio considerando los planes y el trabajo para el futuro. Algunos opinaban que sería sabio evitar las grandes ciudades, y trabajar en lugares pequeños......"

Mientras que el grupo se reunía entró un joven que Elena había visto en otros sueños y le dijo al grupo;

"Las ciudades y las aldeas constituyen parte de la viña del Señor. ....Uds. deben sembrar en todas las aguas."

"Uds. están entreteniendo ideas muy limitadas del trabajo que deben hacer en este tiempo........ Uds. deben tener un horizonte mucho más abarcante. La luz no debe brillar bajo un arbusto o una cama, pero sobre un candelero, para que le dé luz a todos los que están en la casa. Su casa es el mundo......." (Lifes Sketches) pp. 208-209.

Capítulo 16

La Escritora y el Administrador

En julio de 1876, Elena y Jaime, después de haber estado todo el invierno separados, ella en California y él en Michigan, llegaron a la gran celebración centenaria de los Estados Unidos en Filadelfia. Cada día la pareja entraba por el pabellón central de la exhibición y durante las dos semanas de su estadía en Filadelfia ellos aprovecharon la oportunidad de ver las exposiciones de la gran celebración. El Congreso de la nación había otorgado más de 10 millones de dólares en preparación del evento. Los encargados construyeron más de 200 edificios. Aunque Elena y Jaime llegaron principalmente porque la Iglesia Adventista tenía una exposición de libros en el edificio central, la pareja logró ver casi todas las exposiciones durante esas dos semanas.

150 La Exposición consistía de 450 acres dedicados a las diferentes exhibiciones de maquinaria y productos de todos los rincones del mundo. Se necesitaba un mapa para no perderse. Cuarenta y dos acres dedicados a exhibir exclusivamente maquinaria agrícola. Más de treinta países mandaron exhibiciones. Francia le regaló a los Estados Unidos la Estatua de la Libertad y exhibió el brazo y la antorcha de esa estatua en la exhibición. Miles y miles llegaron el 10 de Mayo cuando se abrieron las puertas. En la ceremonia de apertura el Presidente Grant dio un discurso.

La atracción más popular de la celebración fue el motor Corliss que tenía suficiente potencia para operar todas las maquinas en la exhibición. El Presidente Grant de los Estados Unidos y El Emperador Don Pedro de Brazíl subieron la escalera que los acercó al motor el día de la apertura y ahí saludaron al señor Corliss, el inventor del aparato. En la presencia de los dignatarios Corliss hecho andar el motor gigantesco.

En julio de 1876 Elena y Jaime lograron ver la mayor parte de las exhibiciones y quedaron asombrados con los adelantos de la ciencia y la tecnología. Fue ahí en Filadelfia que Alejandro Graham Bell presentó por primera vez su invención, la invención que lo hizo famoso, el teléfono. Todo lo que los Whites vieron confirmó, para la pareja White, que la Biblia tenía razón al declarar que en los últimos días la ciencia y el conocimiento aumentaría.

En cierta forma la celebración del centenario de la nación también reflejaba adelantos que la iglesia adventista había logrado en los trece años después de su organización en 1863. Jaime y Elena llegaron a Filadelfia con el propósito de exponer la literatura que la Iglesia generaba. Para ellos el centenario abría una gran oportunidad para que personas de todo el mundo conozcan del mensaje de la iglesia.

Sin duda, para esta fecha, Elena podía contemplar su vida con cierta satisfacción. La pobreza por la cual la pareja sobrevivió en los primeros años después de su boda había desaparecido. Los artículos y libros que ella y su esposo escribían eran bien recibidos por un público más y más grande. El movimiento al cual ella y su esposo entregaron sus vidas pasaba por un crecimiento notorio. Elena había comenzado a gozar de cierta fama no tan solo en círculos Adventistas sino también entre el movimiento nacional de temperancia.

En Agosto 24 de 1876, un mes después de la feria, la pareja White viajó al "Camp Meeting" de Groveland, Massachusetts, a unas treinta millas al norte de Boston. Los Adventistas y visitas llegaban por tren y en bote. En el campamento los organizadores instalaron 55 carpas para los que se quedaron toda la semana. Tres carpas gigantescas de 45, 55, y 65 pies de diámetro fueron instaladas entre los árboles del campamento. Más de 500 Adventistas del Séptimo-Día se quedaron toda la semana. En las noches, como las carpas chicas no eran suficiente para alojar a los que llegaron, las carpas grandes se usaban para dormir, en una los varones y en la otra las damas. Cada día los trenes pasaban 18 veces al día por las afueras del campamento, dejando pasajeros. Y un bote a vapor llegaba dos veces al día del pueblo de Haverhill a unas cuatro millas de distancia.

El domingo llegaron miles de personas al campamento. De la ciudad de Lawrence el tren llegaba con 15 carros repletos de pasajeros a escuchar los discursos y las charlas. La fama de Elena White atrajo a muchos que llegaron a escucharla. Ella escribió sobre el evento;

"¡Qué escenario está delante de mi! Se calcula que hay 20,000 persona reunidas en este bosque. El tercer tren de 15 carros acaba de llegar. Todos los asientos están ocupados y cada espacio para pararse está repleto, incluyendo la plataforma y las escaleras. Un mar de cabezas humanas está ante mi, y todavía siguen llegando los carros. Para mi este es el espectáculo más solemne que yo he visto. Cientos en carruajes se van porque no pueden llegar suficientemente cerca para oír al orador." ("Signs of the Times" September 14, 1876)

Generalmente los adventistas llegaban a escuchar a Jaime White. Como gerente de la imprenta, Presidente de la Conferencia General, y fundador del Colegio Adventista y del Sanatorio. En el pasado Jaime había sido el centro de atención. Pero muchos de los que llegaron al "camp meeting" en agosto lo hicieron para escuchar a Elena.

Cuando Elena terminó de hablar, esa tarde, los oficiales del "Temperance Reform Club of Haverhill"(El Club de Reforma de Temperancia de Haverhill) se acercaron a ella rogándole que visite la ciudad de Haverhill el día siguiente y ellos le garantizaban que llenarían un auditorio con más de 1000 personas. Aunque cansada Elena no pudo resistir y la siguiente noche la pareja White llegó al auditorio en Haverhill y Helena habló.

Elena escribió en una carta sobre la experiencia;

"La reina de Inglaterra no podría haber sido honrada más...........Mil personas, de las más finas y selectas de la ciudad llegaron ante mí. Me pararon varias veces con aplausos y el sonar de los pies. Jamás he tenido una victoria mas señalada......... Jamás he sido testigo de tanto entusiasmo que estos hombres nobles dirigiendo estas reforma de temperancia manifestaron sobre mi charla. Para ellos era algo nuevo. Les hablé del ayuno de Jesús en el desierto y su objeto. Hablé contra el tabaco. Después de la reunión me arriconaron y me agradecieron. Me rogaron que si volvía a Haverhill, que les venga hablar otra vez." (Letter 42, 1776)

Cuando terminó el verano de 1876 Elena y Jaime White habían visitado 14 "camp meetings". Agotados volvieron a Battle Creek unas pocas semanas para descansar antes de volver a California. En Battle Creek la pareja White era vista como los padres del Movimiento Adventista. Muchos de los líderes del Movimiento Adventista los buscaban para pedirles consejos. Esto le agradaba a los dos pero también consumía el tiempo y la energía de la pareja.

Habían pasado casi 25 años desde el día que ellos llegaron a Battle Creek por primera vez y durante esos años las instituciones Adventistas se habían fundado y prosperado. Una comunidad de cientos de Adventistas del Séptimo-Día había establecido sus raíces en la ciudad.

En vez de descansar los Whites cayeron en una rutina repleta de actividades y comenzaron a trazar planes para varios proyectos de publicación en los siguientes meses. Y el descanso que pensaban tener en Battle Creek se transformó en unas semanas de intenso trabajo tratando de resolver problemas de la iglesia.

Durante el invierno de 1876 y la primavera de 1877, cuando la pareja White volvió a su casa en California, Elena y Jaime trabajaron incansablemente en un proyecto tras otro. Terminaron una compilación editorial, una serie de artículos e historias para niños. Jaime ayudó a organizar un instituto para los obreros bíblicos de California. Los dos participaron en los esfuerzo y actividades que llevó a la fundación de un Sanatorio en California. Y en Mayo viajaron a Michigan con la intención de visitar los "Camp meeting" durante el verano.

Los intereses de la pareja White comenzaron a tomar rumbos distintos, y los dos comenzaron a sentir la presión de esos intereses. A Jaime siempre le encantó la parte administrativa de su trabajo y desarrolló grandes talentos como administrador. En contraste a Elena lo más urgente eran sus libros y artículos. Ella se estaba convirtiendo en una escritora prolífica. En los últimos inviernos ella había estado trabajando arduamente en una biografía de la vida de Jesús. El mundo de las ideas consumía más y más de su tiempo.

La pareja White no tenía frenos. Ambos eran iguales. Siempre había mucho que hacer, proyectos que iniciar, asuntos que terminar, artículos que escribir y pulir, y poco tiempo para hacerlo.

La multitud de proyectos y las diferencias en intereses creo tensión entre ellos. Llegó un tiempo que no concordaban, ¿Qué era lo más importante? En parte por esa tensión la pareja White que hasta este tiempo había sido inseparable decidieron separarse por unos meses. En el invierno de 1875 hasta la primavera de 1876 Elena se quedó en California mientras que Jaime se fue a Battle Creek, Michigan. En el verano de 1776 unieron sus fuerzas una vez más en Filadelfia.

El verano de 1877 trajo mucha trauma a la nación, especialmente para los obreros en las ciudades grandes y los mineros de Virginia. El 21 de junio, diez mineros, miembros de un grupo llamado los "molly maguires"(mineros irlandeses reformistas) fueron ahorcados por las autoridades por su participación en la organización de una huelga. Y el 14 de julio se inició la gran huelga de 1877 cuando los obreros de la "Baltimore Ohio Railroad" abandonaron sus trabajos.

Estas uniones de obreros demandaban mejores condiciones de trabajo, protestando el hecho que se les había disminuido el sueldo por 10%, y demandaban justicia por los muchos abusos que los dueños permitían. El ejemplo de esta huelga le dio ánimo a los obreros del ferrocarril en todas partes de la nación. Como resultado aparecieron huelgas desde la Nueva Inglaterra hasta el Misisipí, que paralizaron la nación.

El 20 de julio, en Baltimore nueve huelguistas fuero asesinados cuando la milicia estatal disparó sus armas a la multitud que corría por la calle. El incidente incendio las pasiones del movimiento laboral e inició una serie de confrontaciones entre los huelguistas y la milicia. Las confrontaciones terminaron con la muerte de más de 50 personas.

Al día siguiente en Pittsburg una multitud se lanzó contra la milicia estatal dando inicio a confrontaciones violentas. Una pared de fuego tres millas largas consumió las instalaciones de la compañía del ferrocarril. Las compañías perdieron más de 2,000 vagones con gastos alrededor de $10,000,000. Unos días más tarde diez y nueve personas murieron en Chicago en incidentes similares.

Todo esto sucede mientras que Elena y Jaime viajan de estado en estado visitando los "camp meetings" de las diferentes asociaciones en el centro y el este de la nación. Para los Whites, que sin duda escucharon de estos eventos, el adelanto del movimiento adventista tomaba una urgencia muchos más importante. Elena veía los eventos que consumían la energía de la nación en relación a lo que decían las profecías Bíblicas. Ella predicaba constantemente que en los últimos días la violencia, corrupción y el egoísmo humano aumentaría y al mismo tiempo la ciencia y el entendimiento tomaría pasos gigantescos.

Elena y Jaime viajaban de campamento en campamento convencidos que todo lo que sucedía ante sus ojos simplemente confirmaba el mensaje que ella y los adventistas debían proclamar al mundo. Para Elena la solución de los problemas en la cual la nación y el mundo gastaba sus energías solo se resolvería cuando la población norteamericana se entregue al Señor Jesús Cristo. Ni el gobierno ni las organizaciones laborales podrían fin a los conflictos violentos. Elena trabajaba incansablemente, convencida que solo Cristo, el Evangelio, y la palabra escrita, proporcionaría solución al dilema humano y Jaime veía el problema de la perspectiva de un administrador.

Capítulo 17

Elena Pierde su Compañero

En el verano de 1881 Elena y Jaime contemplaron vender su casa en Battle Creek, viajar a Colorado, y ahí iniciar una nueva etapa de la vida. El clima, los amigos, los familiares, y principalmente la oportunidad de tener más tiempo para escribir atraía, como un imán, a ambos. Los Whites sentían que su itinerario, repleto de viajes y responsabilidades, los amarraba a Battle Creek y no les daba tiempo para proyectos importantes. Aunque Jaime ya no era más el presidente de la Asociación General de la Iglesia Adventista, sus deberes no tenían fin. Convencida que las responsabilidades no cambiarían, la única alternativa era mudarse a Colorado, por lo menos así lo veía Elena. Los dos estaban de acuerdo que lejos de Battle

Creek, en Colorado, habría más tiempo.

Durante los últimos años de la década de 1860, después de la Guerra Civil, la pareja White había planeado una serie de cuatro libros que cubrirían la historia del pueblo de Dios desde el comienzo de la historia hasta el presente. Cada libro sería de aproximadamente 400 páginas. Elena terminó de escribir el primero, el que cubría la historia del Antiguo Testamento, en 1870 con 414 páginas. El segundo volumen iba a cubrir todo el período del Nuevo Testamento pero Elena decidió dividirlo en dos. Ella terminó el volumen que contenía la vida de Jesús en 1877 y el volumen con la experiencia de los apóstoles y Pablo se terminó en 1878. Elena pensaba terminar el último volumen en muy poco tiempo.

Pero los meses pasaban y pasaban y el tiempo para escribir, hacer investigaciones, se evaporaba. Por eso Elena, especialmente, sentía que sería mejor irse de Battle Creek. Pero aunque Jaime, racionalmente aceptaba esa decisión, a un nivel emocional acariciaba bastante resistencia. No le era fácil abandonar la editorial, la prensa, el Sanatorio, el Colegio, y la Asociación General; que en parte habían sido su creación. Para Jaime abandonar esas instituciones era como abandonar a un familiar. Con lágrimas en sus ojos, una tarde de verano, Jaime miró a Elena pensando sobre las posibilidades de irse de Battle Creek y dijo;

"He dado mi vida a la construcción de estas instituciones. Dejarlas me parece como la muerte. Son como mis hijos y no puedo separar mis intereses de ellas. Estas instituciones son los instrumentos de Dios para hacer un trabajo específico....."

(Lifes Sketches p 248)

Jaime y Elena habían dedicado más de 35 años de su vida creando, fortaleciendo, reavivando, y reparando las instituciones que ahora contemplaban dejar. La imprenta y la editorial tuvo su comienzo en el hogar de la familia White cuando ellos ni tenían para comer. Los escritos de Elena y Jaime habían llenado centenares de páginas que la prensa había imprimido. Cuando Jaime se encontró postrado de cansancio y la enfermedad, el Sanatorio de Battle Creek comenzó gracias al empuje y la convicción de Elena y Jaime. Battle Creek College recibió el apoyo y el dinero de la familia White desde sus inicios. A la Asociación General, como su presidente, Jaime le había dado los mejores años de su vida. Y aunque él reconocía que necesitaba descansar era difícil dejar las instituciones que habían consumido la mayor parte de su existencia.

En 1881 la imprenta de la Revista Adventista empleaba más de 70 personas y se estaba convirtiéndo en la imprenta más grande del estado de Michigan. No tan solo publicaba folletos, libros y revistas para la iglesia sino también imprimía mucho trabajo para empresas no adventistas de la región. Además del trabajo que la imprenta generaba para sus empleados en Battle Creek, un pequeño ejército de colportores, en todas partes de los Estados Unidos, se sostenían económicamente vendiendo las revistas y los libros que la imprenta producía.

La imprenta, aún con sus problemas era un tremendo éxito. Sin embargo Elena no vivía satisfecha con lo que estaba sucediendo en Battle Creek. A ella no le gustaba que tanto Adventista llegue y se congregue en un lugar. En varias ocasiones había predicado y escrito que los Adventistas debían esparcirse a otras comunidades y no concentrarse en un lugar. Ella insistía que a Dios no le gustaba que se formen comunidades de puros adventistas mientras que habían miles y miles que nunca habían escuchado de

Cristo.

El éxito de las instituciones Adventistas se veía también en el Sanatorio de Battle Creek, cientos y cientos de pacientes entraban por sus puertas anualmente. Jaime Whites había sido uno de ellos en varias ocasiones. El también jugó un papel central en la fundación de esa institución. Aunque el Sanatorio había pasado por varias tormentas en 1881, Jaime y Elena, podían mirar con orgullo lo que el Sanatorio de Battle Creek había logrado.

En 1876, el liderazgo del sanatorio, que en esos días se llamaba El Instituto de Reforma de Salud del Occidente, se entregó a un joven de 24 años, Juan Harvey Kellogg. Él le había cambiado el nombre al Sanatorio de Battle Creek. Kellogg había recibido ayuda financiera de Jaime para terminar sus estudio de medicina. Cuando vivía en Battle Creek, Kellogg se quedaba en la casa de los Whites. Elena lo consideraba como un hijo. El empuje y dinamismo de Juan Kellogg, el pequeño gigante que siempre se vestía de blanco, transformó el sanatorio en la institución más famosa, de ese tipo, en la nación.

Pero Kellogg también era un hombre de pensar independiente. En varias ocasiones se disgustó con la pareja White. No siempre concordaba con los consejos que ellos le daban. En una ocasión Elena le dijo a Kellogg que el Sanatorio de Battle Creek se parecía más a un gran hotel que a un sanatorio. El lujo y la ostentidad del ambiente no eran necesario en la opinión de Elena. A Kellogg no le gustó la observación. Ya para 1881 la tensión entre Kellogg y Jaime era tan tirante que ni se hablaban. Elena no estaba de acuerdo con todas las decisiones que Kellogg tomó como administrador del Sanatorio.

Unos meses antes, Elena tuvo un sueño donde

vio al Dr. Kellogg amontonando piedras en su oficina. Un joven vino y le preguntó para que eran. Kellogg respondió,

"Son los errores de Jaime White y los voy a usar para matarlo, lo voy a matar con sus propios errores."

Después de esa escena Elena vio en su sueño que Jaime estaba haciendo lo mismo en su oficina, almacenando piedras, con las mismas intenciones. Los dos hombres, Juan Kellogg y Jaime White, estaban convencidos que el otro lo estaba tratando de destruir y por eso se preparaban para destruirse el uno al otro. El sueño de Elena describía en forma simbólica lo que estaba sucediendo en Battle Creek.

El Colegio de Battle Creek era otra Institución que había florecido produciendo pastores, maestros, y líderes desde su fundación. Muchos de los graduados servían a la iglesia en todas partes de la nación. Jaime y Elena habían dado muchas conferencias a los alumnos del Colegio en Battle Creek. Habían ayudado a financiar los estudios de varios alumnos. Jaime sentía orgullo de la institución.

Pero Elena no estaba cien por ciento contenta con el colegio tampoco. Ella pensaba que la educación debía ser mas práctica. No le había gustado que el colegio se establezca en la ciudad y no en el campo. Pensaba que los alumnos además de tener formación académica en el salón de clases debían trabajar en el campo como parte de su educación, aprender artes manuales, desarrollar lo físico, lo espiritual, lo social tanto como lo intelectual. Algunos en el Colegio, como el profesor G.H. Bell concordaban con Elena. Pero otros profesores vivían convencidos que ellos eran expertos en la transmisión de información solamente y no podían o no sabían hacer más.

Este constante conflicto entre los que querían

hacer de Battle Creek College una las mejores instituciones de educación en la nación y los que deseaban reformar la educación hervía constantemente en el Colegio. Elena no quería otro colegio entre muchos. Ella quería un colegio distinto, un colegio que ubique lo espiritual al centro de la institución. Pero los consejos de Elena no siempre fueron apreciados o practicados. Eventualmente esta tensión llevó a los líderes de la institución a clausurar el colegio. Y por un año 1882-1883 el Colegio de Battle Creek tuvo que cerrar sus puertas.

Igual como las otras instituciones, la Asociación General, que tenía su sede en Battle Creek tomó grandes pasos en la administración de la Iglesia Adventista. De una asociación que se organizó en 1863 el cuerpo administrativo de la Iglesia había crecido a varias asociaciones y una Asociación General que para 1881 administraba iglesias desde Maine hasta California. Pero con el éxito también surgen problemas y Elena creía que esos problemas podían manejarse por otras personas. Jaime no estaba tan seguro.

La dependencia de Elena hacia las instituciones de la Iglesia no era como la de Jaime. Ella podía ver todo lo que las instituciones habían logrado pero también podía ver sus defectos y como a veces estorbaban los planes que Dios tenía para su pueblo. A lo mejor por eso para ella irse de Battle Creek no provocaba tanta resistencia.

Unos días después de esta conversación Jaime se enfermó. Trató de seguir con su itinerario pero no tenía la energía. Eventualmente Elena lo internó en el Sanatorio. Juan Kellogg lo vio y los dos se hablaron una vez más. Se pidieron perdón. Pero Jaime no mejoró su estado físico. A Elena le pareció que Jaime perdió el deseo de seguir viviendo. Ella trató todas las maneras que podía pensar para animarlo, pero un Sábado de tarde, unos pocos minutos después de las 5 de la tarde, el 6 de Agosto de 1881 Jaime White falleció.

Elena quedó sola. Desde su adolescencia tuvo a Jaime a su lado. Los consejos de su esposo la sostuvieron a través de muchas tormentas. Y ahora todos los planes, todos los proyectos, todas las ideas que los dos habían estado contemplando llegaron a su fin.

El 13 de Agosto más de 2,500 personas llegaron a los servicios fúnebres de Jaime en el Tabernáculo de Battle Creek. Noventa y cinco carrozas siguieron la procesión al cementerio de Oak Hill. Y ahí entre otros familiares incluyendo su padre y madre enterraron a Jaime White.

Un mes más tarde, Elena que se había ido a Colorado, le escribió a su hijo Willie en California;

"Hecho de menos a Papá más y más. Siento su pérdida especialmente aquí en las montañas. Lo encuentro muy difícil haber estado con él en las montañas y ahora no estar con él. Estoy totalmente convencida que mi vida estaba tan amarrada o entretejida con la de mi esposo que es casi imposible ser de algún uso sin él............(Letter 17, 1881)

Elena G. de White

Capítulo 18

Los Testimonios de Elena

En Mayo de 1884 Elena y un grupo de dirigentes de la Iglesia Adventista en el estado de California, el presidente de la asociación, el gerente de la imprenta, el director del colegio, alquilaron un vagón del ferrocarril. Al tren que viajaba regularmente de San Francisco a Los Angeles se le agregó el vagón con la intensión de aumentar el número de personas que asistirían al primer "camp meeting" de la Iglesia Adventista en Los Angeles, California.

La mayoría de los Adventistas en California vivían en la zona de San Francisco y al norte. Muy pocos vivían en el sur de California. Para animar a los nuevos creyentes en el sur de California, Elena organizó el viaje hacia el sur con el plan que otros harían el viaje con ella. En la revista Las Señales de los Tiempos, revista oficial de la iglesia en California, se anunció el viaje con varias semanas de anticipación. Ella esperaba el apoyo de todos los que podrían asistir a las reuniones del 8 de Mayo hasta el 18.

El rostro de Elena inspiraba confianza y su sonrisa animaba a los creyentes que abordaban el tren y viajaban con ella.

Elena pasó por un tiempo muy difícil durante las semanas después de la muerte de Jaime. Después de enterrar a Jaime, en el cementerio en Battle Creek, Elena viajó a Colorado donde los dos habían planeado mudarse. Pero sin Jaime no era igual. La belleza de las montañas de Colorado no había cambiado pero la actitud de Elena pasaba por un valle oscuro y místico. Trató de escribir pero no tenía el ánimo. Trató de olvidarse del hecho que Jaime había fallecido sin éxito. Eventualmente llegó a la conclusión que ahí, en Colorado, sin Jaime ella no servía para mucho.

Eventualmente , el 2 de Octubre de 1881, Elena decidió viajar a la casa que ella y Jaime compraron en California, cerca del hijo Willie. Willie trabajaba como administrador de la revista " Las Señales de los Tiempos" en Oakland, California. En los viajes a California que ella y Jaime realizaron ella recordaba el clima agradable y la gran necesidad de proclamar el Evangelio en ese estado. Fue en California que ella pudo iniciar una vez más su tarea de escribir.

La Elena que viajaba en el Tren del Pacífico, rumbo a Los Angeles, era una mujer renovada, llena de energía y vitalidad. Había dejado atrás la melancolía que la muerde de su esposo había provocado. Sin la carga y la tensión de un esposo enfermizo y a veces negativo, Elena entregó sus recursos y tiempo totalmente a la causa de la Iglesia. Viajaba continuamente a los "camp meetings" en California, Oregon, Washington, Nueva Inglaterra en el este, y los estados del centro del país. Predicaba en los campamentos y daba charlas de temperancia. Miles llegaban a escucharla.

Cuando Elena no estaba viajando, especialmente tempranito de mañana, Elena trabajaba escribiendo, editando, y supervisando la publicación de sus artículos y libros. En 1884 Elena publicó 50 artículos en los 48 números de la revista "Las Señales de los Tiempos" (Signs of the Time) que se publicaba en California, y 53 artículos en "La Revista Adventista"(Review and Herald) publicada en Battle Creek Michigan. Como si esa tarea no fuera suficiente, Elena terminó de escribir el libro El Conflicto de los Siglos, con 549 páginas. Parecía que un espíritu revificador tomó control de Elena que tenía 56 años de edad.

Un espíritu optimista irradiaba de Elena mientras que miraba por la ventana del tren y contemplaba el paisaje del valle central de California. De vez en cuando un adventista se subía al tren y contaba sus experiencias a los que viajaban rumbo a Los Angeles. A Elena le encantaba escuchar como el movimiento Adventista estaba progresando en las distintas ciudades y regiones de California. California se había convertido en una de las zonas donde más crecía la Iglesia Adventista. Los que se unían a la iglesia eran personas generosas, y gracias a esa generosidad ya funcionaba en California una casa editorial, un colegio y un hospital.

Pero en el sur de California, en Los Angeles, la población Adventista era poca. Los Angeles era una aldea pequeña donde la mayoría de los habitantes hablaban español e inglés. La población vivía en ranchos esparcidos por todo el territorio. La Iglesia Adventista no había crecido en el sur de California.

Cuando las reuniones comenzaron fueron muy pocos, comparado a los "Camp meetings" del norte, que asistieron a las reuniones en las carpas. Se predicaba en una carpa de 30 por 90 pies y los creyentes habían armado 24 carpas para las 60 personas que se quedaron en el campamento durante la semana. El domingo se ocuparon todos los asientos de la carpa grande y aproximadamente 100 personas tuvieron que quedarse parados para escuchar el servicio. La mayoría de las personas que llegaron a las reuniones no eran adventistas.

La presencia de Elena, en la carpa en las afueras de la aldea de Los Angeles animaba a los creyentes. La mayoría de los Adventistas la conocía por sus artículos en las revistas de la iglesia. Muchos Adventistas tenían los folletos y libros que Elena había publicado en sus hogares. Cuando ella tomaba la palabra en reuniones públicas lograba mantener la atención de los oyentes por horas. Su elocuencia, sencillez, y potencia de voz la habían convertido en el centro de atracción en las reuniones públicas.

Un autor no Adventista dijo de ella en 1887;

"Como oradora, La Señora White, es una de las más exitosas de las pocas mujeres que se han convertido en oradoras de renombre en este país en los últimos 20 años. El uso constante ha fortalecido su órgano vocal dándole a su voz un timbre potente y profundo. Habla con tanta claridad y potencia de articulación que cuando habla al aire libre se le ha escuchado con mucha frecuencia a una milla de distancia con claridad. Su lenguaje, aunque sencillo, es siempre poderoso y elegante. Cuando inspirada por su tema ella es maravillosamente elocuente. Mantiene a audiencias grandes hipnotizadas por horas sin una señal de impaciencia o cansancio."

“Los temas de sus discursos son siempre de un carácter práctico, tocando los deberes diarios, la educación religiosa de los niños, la temperancia y temas de ese tipo. Cuando hay reavivamientos ellas siempre es “el orador” más efectivo. Frecuentemente, en las ciudades más grandes, le habla a audiencias inmensas sobre sus temas favoritos, y siempre se la recibe con mucho agrado.” (—American Biographical History of Emminent and Self made Men of the State of Michigan, Third Congressional District, p 108, 1878).

Sin duda la elocuencia de Elena la elevó a un lugar prominente en la Iglesia Adventista. Pero aún más que esta habilidad, lo que puso a Elena en el centro del liderazgo del movimiento fueron sus testimonios. Los testimonios de Elena eran mensajes que sus seguidores aceptaban como mensajes de Dios y que ella transmitía a la iglesia. A veces esos mensajes eran personales, en otras ocasiones eran generales, con mucha frecuencia los mensajes se transmitieron en forma escrita. Cuando Elena predicó en el campestre de Los Angeles, California ya se habían publicado 31 testimonios para la Iglesia. Y muchos de los presentes los tenían en sus bibliotecas personales.

La publicación de los Testimonios comenzó en 1855 después que Elena y Jaime se mudaron a Rochester, Nueva York. El 19 de Noviembre de 1855 un grupo de los dirigentes de la Iglesia se reunieron para considerar el futuro del movimiento y analizar la indiferencia de muchos de los miembros de la Iglesia. Al finalizar la reunión el 20 de Noviembre, Elena recibió una visión.

Después de escuchar el mensaje donde se les explicó a los dirigentes del movimiento las razones por la triste condición de la Iglesia, los dirigentes decidieron que el testimonio que Elena recibió en esa ocasión debía publicarse para que todos los miembros de la Iglesia se beneficien. Con esa decisión comenzaron a salir periódicamente los Testimonios de Elena para la Iglesia.

El primer testimonio se publicó en la prensa de mano que los White habían comprado en la ciudad de Nueva York. El testimonio tenía 16 páginas y contenía los siguientes temas; "El Protector de tu Hermano", "El tiempo para comenzar el Sábado", "Opositores de la Verdad", "Responsabilidad Paternal", "Fe en Dios", "El Grupo Mensajero", y "Prepárate para Encontrarte con el Señor".

La siguiente primavera, en 1856 salió el segundo testimonio para la iglesia en forma de un folleto de 16 páginas. Y en esta forma los testimonios de Elena salieron periódicamente en las siguientes fechas;

1857	Testimonio Para la Iglesia #3	16 pags.
1857	Testimonio Para la Iglesia #4	48 pags.
1859	Testimonio Para la Iglesia #5	32 pags.
1861	Testimonio Para la Iglesia #6	64 pags.
1862	Testimonio para la Iglesia #7	64 pags.
1862	Testimonio para la Iglesia #8	64 pags.
1863	Testimonio para la Iglesia #9	48 pags.
1864	Testimonio para la Iglesia #10	80 pags.
1867	Testimonio para la Iglesia #11	53 pags.
1867	Testimonio para la Iglesia #12	96 pags.
1867	Testimonio para la Iglesia #13	172 pags.
1868	Testimonio para la Iglesia #14	102 pags.
1868	Testimonio para la Iglesia #15	96 pags.
1868	Testimonio para la Iglesia #16	104 pags.
1869	Testimonio para la Iglesia #17	204 pags.
1870	Testimonio para la Iglesia #18	208 pags.
1870	Testimonio para la Iglesia #19	96. Pags.
1871	Testimonio para la Iglesia #20	200 pags.
1872	Testimonio para la Iglesia #21	200 pags.
1872	Testimonio para la Iglesia #22	192 pags.

1873	Testimonio para la Iglesia #23	116 pags.
1875	Testimonio para la Iglesia #24	192 pags.
1875	Testimonio para la Iglesia #25	192 pags.
1876	Testimonio para la Iglesia #26	208 pags.
1876	Testimonio para la Iglesia #27	190 pags.
1879	Testimonio para la Iglesia #28	192 pags.
1880	Testimonio para la Iglesia #29	192 pags.
1881	Testimonio para la Iglesia #30	192 pags.
1882	Testimonio para la Iglesia #31	244 pags.
1885	Testimonio para la Iglesia #32	238 pags.
1889	Testimonio para la Iglesia #33	288 pags.

El Testimonio número 33 fue el último que se publicó en forma individual. Es notorio como con el pasar del tiempo los testimonios fueron aumentando en tamaño. El primero que se publicó fue de 16 páginas y el último de 288 páginas. Desde 1889 en adelante se juntaron los testimonios en volúmenes. Los primeros treinta testimonios se editaron nuevamente en cuatro volúmenes. En 1889 se juntaron tres testimonios; el 31, 32, y 33, y estos formaron el volumen número cinco. De esa fecha en adelante los testimonios salieron encuadernados en volúmenes, del seis al nueve:

1900	Testimonios para la Iglesia,	Volumen VI
1902	Testimonios para la Iglesia,	Volumen VII
1904	Testimonios para la Iglesia,	Volumen VIII
1909	Testimonios para la Iglesia,	Volumen IX

El último en la serie de testimonios que Elena White escribió fue el Volumen IX.

El tono de todos los testimonios resuenan con cariño y compasión para los que pertenecían al Movimiento Adventista. Aun cuando Elena fue directa y franca, lo hace con la intensión de ayudar a la iglesia. El Pastor J. N. Loughborough cuenta de una ocasión cuando ella dio un testimonio en forma verbal en 1862.

En esa ocasión un grupo de creyentes reunidos

en la casa de William Wilson en el pueblo de Greenville,

Michigan organizarón dos iglesias. Elena y Jaime reunidos en un cuarto para organizar la Iglesia de Greenville mientras que los Pastores L. N. Loughborough y Byington ayudaban al grupo de West Plains en el otro cuarto. El grupo de West Plains comenzó a tener problemas. No se podían poner de acuerdo sobre quién debía tomar los diferentes puestos que la iglesia necesitaba.

De acuerdo a Loughborough al instante oportuno Elena White entró por la puerta y le dio un testimonio al grupo de West Plains. Ella les dijo;

"Cuando Uds estén listos me gustaría decirles algunas cosas."

Ese era el instante oportuno. Los presente le pidieron que se quede y Elena comenzó a hablar. Ella no conocía la mayoría de las personas en el cuarto y sabía el nombre de solo tres de ellos. Ella comenzó;

"Me tienen que perdonar lo que tengo que decir y si describo su persona ya que no conozco sus nombres. Al mirarlos viene ante mi lo que el Señor me ha mostrado sobre su persona. Ese hombre ahí en la esquina con un ojo" (Alguien habló, diciendo ese es el Señor Pratt) "hace grandes profesiones, y grandes pretensiones de ser religioso, pero aún no se ha convertido. No lo acepten en la iglesia en su condición actual, porque él no es un Cristiano. Gasta la mayor parte de su tiempo haciendo nada en las tiendas y los talleres argumenta teorías sobre la verdad, mientras que su esposa tiene que cortar leña y cuidar la huerta de la casa. Él promete cosas en sus transacciones que nunca cumple. Sus vecinos no tienen nada de confianza en su profesión de fe. Sería mejor para la causa de la religión que él no diga nada en su favor."

Elena continuó hablando refiriéndose a otro

señor anciano en el grupo. Este anciano no había querido aceptar puestos en la nueva iglesia. Él no se creía digno de tal posición. En contraste el Señor Pratt quería que se le diera todos los puestos. Al anciano, el señor Barr, Elena le dijo;

"El señor Barr es una persona ejemplar, tiene cuidado de cumplir con todas sus promesas, y provee lo necesario para su familia. Tiene temor hablar de la verdad a sus vecinos temiendo hacerle daño. Él no ve como el Señor puede perdonar sus pecados, y se cree indigno de pertenecer a la iglesia."

La mirada de tristeza en la cara del anciano cambió inmediatamente cuando Elena White le dijo;

"Hermano Barr el Señor me dijo que le comunique que Ud. ha confesado todos los pecados de los cuales tiene conciencia, y que Él le perdonó sus pecados hace mucho tiempo, Ud. solo tiene que creerlo."

Los testimonios de Elena generalmente tenían este tono y estas intenciones; ayudar a los creyentes en sus vidas personales, ayudar a la iglesia en su progreso, evitar decisiones que tenían el potencial de hacerle daño a la iglesia, y ánimar a los creyentes para que sigan adelante. Estos eran los testimonios que los creyentes de la Iglesia compraban entusiasmadamente cuando salían de la imprenta. Y los Testimonios impulsaron a Elena a tomar un papel central en el desarrollo de la Iglesia.

En 1884 cuando Elena tomó el tren, después que termino el "Camp Meeting" en Los Angeles, rumbo al norte de California, su consejos, artículos, folletos, y libros formaban una parte central en el desarrollo de la Iglesia Adventista. Los dirigente y pastores de la Iglesia miraban hacia ella cuando decisiones difíciles cruzaban su camino. Y aunque no siempre se hacía lo que ella aconsejaba, siempre se respetaba su opinión.

Capítulo 19

Elena Viaja a Europa

Elena temía ir a Europa. No estaba convencida que Dios deseaba que ella viaje a un lugar tan lejano. No sabía si ella podía impactar en forma positiva un lugar que tenía tantas nacionalidades, culturas, e idiomas. Ella solamente hablaba Inglés. Nunca había viajado fuera de los Estados Unidos de Norteamérica. El viaje más largo de su vida había sido de Battle Creek a San Francisco, California. Sin su esposo, ya avanzada en edad ella titubeaba con muchas dudas sobre la idea de viajar a Europa.

La invitación llegó de la Asociación General a principios de 1885. Por varias semanas Elena analizó la idea del viaje. Viajar de California al tercer Concilio Misionero de Europa en Basel, Suiza creaba una serie de obstáculos en su vida. Pero la insistencia de su hijo Willie, que para este tiempo era la mano derecha de Elena, la convenció que su intervención había sido usada en el pasado y sin duda sería usada una vez más en Europa.

El viaje comenzó en California cuando Elena tomó el tren que eventualmente la llevaría a Battle Creek, Michigan. En Battle Creek se quedó unos días con su hijo Edson. Después de una corta visita con Edson y amigos, una pequeña delegación de Adventistas viajaron a Worcester, Massachusetts donde Elena predicó en unas reuniones evangelisticas.

De Worcester Elena viajó diez y siete millas a South Lancaster, la Academia Adventista de Lancaster, donde ella se quedó algunos días con amigos. En la Academia ella le habló a los jóvenes internos. Al día siguiente la delegación viajó a Boston donde el grupo de delegados tomaron un barco que los llevó al puerto de Liverpool, Inglaterra.

En unas pocas semanas la delegación de Norteamérica llegó a Suiza. Una vez que comenzaron las reuniones con los dirigentes de la Iglesia Adventista de Europa Elena se sintió en su ambiente. Al escuchar los informes de los diferentes países Elena comenzó a tomarle gusto al congreso. Por varias semanas había viajado en Inglaterra y en Europa predicando y dando charlas a los pequeños grupos Adventistas de Europa. En Suiza su ánimo se elevó al ver el edificio y la maquinaria de la Imprimere Polygottle (imprimiendo en muchos idiomas) la editorial Adventista de Europa.

El mensaje Adventista había llegado a Europa en 1865 cuando M.B. Czehowski, un sacerdote polaco, que había aceptado las enseñanzas de la iglesia Adventista en los Estados Unidos, volvió a Europa. Deseoso de volver a su patria para contarle a otros del mensaje que él había recibido Czehowski le pidió a la Asociación General que lo mande. Los dirigentes de la iglesia no sintieron que podían financiar tal empresa. Pero Czehowski no se dio por vencido. En Boston Czehowski visitó las oficinas de los Adventistas del Primer Día y los convenció que lo manden a Europa.

En 1886 Czehowski enseñó las doctrinas de los Adventistas del Séptimo día a un grupo en Tramelan, Suiza. Aunque ellos aceptaron las enseñanzas él no les dijo que existía un grupo con las mismas ideas en Los Estados Unidos. Después que él se fue a Hungría a predicar el mensaje, Albert Villeumuier, uno de los creyentes en Tramelan, encontró una copia en Inglés de la Revista Adventista. Con la dirección de la Revista Adventista en su mano Villeumuir inició correspondencia entre los Estados Unidos y Europa.

La comunidad Adventista de Suiza mandó, en 1869, a James Erzenberger a los Estados Unidos para estudiar el idioma y las doctrinas e ideas de la Iglesia Adventista. Ersenberger se quedó en Battle Creek un año y medio antes de volver a Europa. Como resultado de estas relaciones establecidas entre Europa y Battle Creek La Asociación General mandó como misioneros a Europa a J. N. Andrews en 1874 y D.T. Bourdeau en 1875.

Cuando Elena llegó a Suiza en 1885 la Iglesia Adventista tenía pastores y colportores en Inglaterra, Scandinavia, y muchos de los países de Europa Central. Al concilio que ella asistió llegaron 15 delegados de la Misión de Europa Central, siete de la Misión Británica, seis de los países Escandinavos, y tres delegados de Los Estados Unidos. Muchos laicos de las iglesias más cercanas en su mayoría suizos también asistieron.

En este ambiente Elena se regocijaba.

El 23 de Septiembre, un miércoles, un pequeño grupo de dirigentes se sentó a discutir el futuro del movimiento en Europa. Daniel T. Bourdeau expresó una idea que provocó mucha controversia. Mirando hacía el futuro Bourdeau sugirió que los campos de Francia e Italia no se debían unir a la organización de Suiza. Bourdeau, que era francés, opinaba que ellos debían organizar sus propias asociaciones y en esa forma podrían crecer más rápido.

Inmediatamente Elena tomó la palabra. Se paró y sin dejar ninguna duda en la mente de los presentes ella se opuso a la propuesta de Bourdeau. Elena expresó que la idea de dividir la iglesia en la misma forma que estaban divididas las naciones no era una buena idea. Ella estaba convencida que la Iglesia Adventista debía trabajar para la unión no la separación.

Ella escribió en su diario;

"Yo me opuse a esto profundamente, porque su influencia no sería buena. Esto no llevaría a una unión o harmonía en el trabajo, sino a intereses separados, y no trabajaría hacia esa unidad que El Señor demanda." (MS 16a, 1885).

El asunto se discutió extensivamente en esa reunión. Las pasiones se agitaron. El pastor Bourdeau comenzó a dar ilustraciones he incidentes en su experiencia personal. Relató ejemplos de las muchas injusticias que él había tenido que sufrir no tan solo en Europa sino también en Battle Creek. Sus palabras fueron escogidas con la intención de ganar el argumento. Cuando Bourdeau comenzó con sus explicaciones y acusaciones, Elena White se levantó y se fue de la reunión. En su diario escribió;

"Yo no daré sanción a tal espíritu" (MS 16a 1885).

La próxima oportunidad, al día siguiente, que ella tuvo para hablar a los delegados, en la reunión del jueves de mañana, Elena aprovechó la oportunidad para hablar del asunto. Comenzó citando dos textos del Evangelio de San Juan, Juan 7:37 y Juan 4:14, donde se refiere al agua viva y que él que tiene sed y bebe nunca más tendrá sed. Sus primeros comentarios aludieron al hecho que la Iglesia tiene fuerzas extra ordinarias para hacer grandes cosas si solo se tiene fe en Él.

Entonces dijo:

"Desde que estas reuniones empezaron se me ha impresionado que hable del amor y la fe. Esto es porque Uds. necesitan este testimonio. Algunos que han entrado a estos campos misioneros han dicho, 'Ud. no entiende la gente francesa; no entiende los alemanes. Ellos tienen que ser tocados en ciertas formas. Pero yo me pregunto, ¿Dios los entiende? ¿O es que Él da los mensajes a su siervos para ciertos pueblos? Él sabe precisamente lo que ellos necesitan; y si el mensaje llega directamente de Él al pueblo a través de sus siervos para, cumplir el trabajo que nos encomendó; Él nos hará uno en Cristo. Aunque algunos son decididamente franceses, otros decididamente alemanes, y otros decididamente americanos, todos serán uno en Cristo."

En su sermón comparó a todos los creyentes de la iglesia a las piedras del templo judío. Hizo resaltar el hecho que cada piedra tenía que ser cortada, refinada, y probada, antes de formar parte del templo. Igualmente todos los creyentes de la Iglesia de Cristo tienen que pasar por un período de refinamiento antes de formar parte integral del cuerpo de Cristo, la Iglesia. Todos tienen que aprender, y cada persona puede ayudar a otras personas en ese proceso de refinamiento."

Ella continuó relatando;

"Casi tenía miedo llegar a este país,

porque escuché a muchos decir que las diferentes nacionalidades de Europa son peculiares, y se les tenía que alcanzar en formas especiales. Pero la sabiduría de Dios se le promete a los que ven su necesidad y la piden. Dios trae al pueblo al lugar donde ellos pueden entender la verdad. Dejen que el Señor tome posesión de la mente, que sea moldeada como arcilla en las manos del alfarero, y estas diferencias no van a existir. Miren a Cristo, hermanos; imiten su espíritu y sus maneras, y no tendrán ningún problema para alcanzar las diferentes clases. No tenemos seis modelos o cinco para seguir. Tenemos solo uno y ese modelo es Cristo Jesús. Si los hermanos italianos, y los hermanos franceses, y los hermanos alemanes tratan de ser como Él, ellos plantarán sus pies en la misma fundación de verdad; el mismo espíritu que mora en uno, morará en el otro — Cristo en ellos, la esperanza de la gloria. Hermanos y hermanas los amonesto que no edifiquen murallas de división entre las diferentes nacionalidades. Todo lo contrario, busquen como destruirlas donde quiera que existan ...."

Elena siguió analizando el problema y finalmente terminó su sermón con las siguientes palabras.

"Como obreros unidos en Dios, hermanos y hermanas, inclinense fuertemente sobre el hombro del Todo Poderoso. Trabajen en favor de la unidad, trabajen en favor del amor, y Uds. serán un poder en el mundo."(Historical Sketches pp 136-138)

Aunque Elena recibió muchas invitaciones para volver a los Estados Unidos durante su estadía en Europa ella resistió la tentación de volver a casa por dos años. Durante esos dos años visitó a casi todos los países en Europa occidental. Se deleitó en visitar los lugares históricos, museos, y especialmente el valle de los Waldenses en el norte de Italia. Donde quiera que ella iba participaba en reuniones evangelísticas. Predicaba y escribía, aparentemente sin cansancio.

En el verano de 1887, Elena acompañada por María, la esposa de Willie y sus hijas se subió al barco "City of Rome". En 8 días Elena regresó a los Estados Unidos, en el puerto de Nueva York.

El Colegio de Battle Creek, primer colegio Adventista

Capítulo 20

Conferencia General de 1888

Sentada en la plataforma, mirando a las caras de los ministros y representantes, entusiasmada por el ambiente y las personas que nunca antes había visto Elena recorrió su mirada a través de todo el salón. Eran las 8:45 de la mañana y ella estaba por tomar la palabra y dar el primer sermón de la Asociación General de 1888. Representantes de todo el mundo Adventista habían llegado el día anterior, miércoles, 10 de Octubre. Más de cien ministros ordenados se habían inscrito en el congreso. Elena recordó que antes de irse a Europa, ella conocía personalmente a casi todos los ministros de la Iglesia Adventista del Séptimo-Día. Pero ahora, en Octubre de 1888, el salón rebosaba con personas desconocidas, caras nuevas, jóvenes que ella no había visto antes.

Un aire de anticipación llenaba el salón. Muchos de los presentes habían leído y escuchado de Elena G. de White pero no la conocían personalmente. Los que tenían más tiempo en el movimiento la respetaban y por eso anticipaban momentos históricos en esta Conferencia General. Circulaban los rumores que dos ministros jóvenes, editores de "Las Señales de los Tiempos", D. T. Jones y J. Waggoner, habían llegado a Minneapolis, Minesota a confrontarse con los líderes del movimiento Adventista, el presidente Jorge I. Butler y el editor del "Review and Herald" Uriah Smith.

En los pasillos, los hoteles, y las mesas de comer el tema favorito era la confrontación que iba a ocurrir. En el lado conservador estaban los líderes de la Asociación General que deseaban defender las doctrinas y la tradiciones de la Iglesia Adventista. Aunque el Presidente J. Butler no estaba presente, una enfermedad lo tenían en cama en Battle Creek, sus representantes, todos estaban ahí. En el otro lado, en el lado liberal, los jóvenes de California, querían propagar nuevas teorías sobre las interpretaciones de la Biblia y la justificación por la fe. Lo que no se sabía, e intrigaba a todos, circulaba en torno a la interrogación ¿Con qué bando se asociaría Elena G. de White?

El conflicto había estado rugiendo por varios años. Comenzó cuando Waggoner, editor de "Las Señales de los Tiempos", expuso sus ideas en varios artículos de su revista. Butler, el presidente de la Asociación General le había pedido que no use la revista para propagar ideas personales. El hecho que Waggoner y Jones también enseñaban en el Colegio Adventista en Healdburg (actualmente Pacific Union College), California, complicaba el asunto. Butler, el presidente, ya le había pedido a Elena que intervenga y ponga a los jóvenes pastores de California en su lugar.

Mientras que esta tormenta de palabras e ideas rugía dentro de la Iglesia Adventista, otras tormentas abatían y transformaban los Estados Unidos de Norteamérica radicalmente. Después de la Guerra Civil, que terminó en 1865, la violencia militar llegó a su fin pero las tormentas no pararon de rugir. Sin duda, al centro de esta tormenta estaban las compañías de los ferrocarriles. Igual como los Canales habían transformado el Norte de la nación antes de la Guerra Civil, ahora los ferrocarriles controlaban el destino de la nación.

Desde que la Guerra Civil terminó en 1865 hasta 1880 la cantidad de toneladas que las vías del ferrocarril transportaban por milla había incrementado 600%, de 2.16 mil millones hasta 14.48 mil millones. Durante esos quince años el número de millas de vías de ferrocarril había aumentado tres veces, de 35,000 millas a 115, 647 millas en la nación.

Un pasajero podía llegar a casi todos los rincones de la nación en ferrocarril. Ya habían más de 18,000 locomotoras tirando miles y miles de vagones en todos los estados de la nación. En la década de 1880 más de 500,000,000 de pasajeros viajaron vía el Ferrocarril anualmente. Cada año las compañías agregaban vías adicionales. El año antes de la Asociación General de 1888 las compañías establecieron un récord que jamás lograrían repetir, agregando 12,000 millas de vías en un año.

Elena, que usó la ruta transcontinental, de Chicago a San Francisco, unos pocos meses después que se terminó en 1869, había cruzado de un lado del continente al otro, en el tren, más de 25 veces cuando ella llegó a la Conferencia General, en 1888.

Caro Pullman

Los trenes habían pasado por cambios radicales desde la primera vez que Elena y Jaime usaron el tren en la Nueva Inglaterra. En esos días los trenes tenían vías hechas de madera con muy pocas vías de uso. La comodidad en el tren dejaba mucho que desear. Pero en 1888, viajar en tren era gozar de un lujo increíble. Los trenes lucían carros Pulmman con cámaras lujosas de dormir, carros de comedor donde los pasajeros eran tratados como reyes. Los dueños de las lineas del ferrocarril, Diputados del Congreso Nacional, y la gente adinerada viajaban en carros lujosos que dejaban a cualquiera lleno de admiración

Sin embargo el lujo y la comodidad, que el tren creó, tuvo un precio. El tren no tan solo se convirtió en el empleador más grande de obreros en la nación, sino también en el asesino más cruel de la época. Miles de hombres perdieron sus vidas o partes de sus cuerpos gracias al tren. Campamentos enteros, trabajando en las montañas y desierto, fueron aplastados por piedras y tierra con mucha frecuencia en el afán de incrementar el millaje de las vías del tren.

Miles y miles de inmigrantes irlandeses, chinos, y mexicanos trabajaron del amanecer hasta que el sol se ocultaba en las vías del ferrocarril. Miles de ellos dieron su vida. Cuando se construyó la vía transcontinental de Chicago hasta San Francisco más de 10,000 hombres trabajaron para terminarla. Asaltados por tormentas de nieve, el calor del desierto, plagas, alcohol, y enfermedades estos hombres jugaron un papel central en los cambios que la nación experimentaba en estos años.

Nuevas ciudades florecieron en las orillas de las vías del ferrocarril. Aparecieron nuevas industrias que usaron el tren para transportar sus productos. La industria del ganado tomó saltos gigantescos gracias al tren. Los productos agrícolas florecieron en el desierto y lugares inesperados ya que el tren los podía transportar grandes distancias hasta las ciudades. La industria cítrica del sur de California; las naranjas, los limones, la toronja llegó a toda la nación vía el tren.

Realmente no se puede exagerar el impacto que el tren tuvo sobre la nación.

Todo esto sucedía mientras que los pastores de la Iglesia Adventista argumentaban y debatían teología e interpretación bíblica. Elena notó lo que estaba sucediendo en los Estados Unidos y también captó la tormenta que estaba rugiendo dentro de la iglesia. Muchos se habían acercado a ella para tratar de ver el lado que ella tomaría. Por supuesto los dos lados vivían convencidos que ella estaría con ellos.

Finalmente Elena tomó la plataforma, miró a todas las caras, y lentamente inició su presentación. Comenzó con un texto bíblico y con calma habló de la necesidad de ser verdaderos cristianos. No Cristianos que leen la Biblia sino Cristianos que hacen lo que la Biblia dice. Le rogó a los presentes que se entreguen en las manos de Dios. Elena insistió que "Necesitamos el espíritu de Dios, aquí, ahora" (MS 6, 1888)

Supongo que pocos de los presentes que escucharon a Elena quedaron satisfecho con su presentación. Ellos esperaban que ella se meta de lleno al conflicto, que tome lado, que entre dando golpes, corrigiendo, enderezando. Pero Elena no trajo satisfacción a los que esperaban guerra. Y la tormenta, entre los delegados Adventistas, continuó.

La tormenta que el tren lanzó en la nación vía cambios en muchas sectores de la vida ayudó a eliminar la separación de comunidades en todos los rincones de la nación. Gracias al tren estas comunidades comenzaron a tener vínculos de comunicación El telégrafo que para 1860 ya tenía 12,000 oficinas en el país, con 9,000 de ellas en las estaciones de ferrocarril permitió otro gran paso en esa dirección. En 1878 el telégrafo ya tenía más de 76,955 millas de alambre que se extendían como una red que cubría el país. Al lado de los alambres del telégrafo comenzaron a aparecer, paulatinamente, los alambres del teléfono que Alejandro G. Bell había introducido a la nación en la celebración centenaria del país en 1876.

El alambre que comenzó a extenderse sobre postes altos fue acompañado por el alambre de púa que José Glidden comenzó a producir en 1874. En cuestión de años, esas tierras interminables, en las cuales los indios cazaban búfalos y se alimentaban, cayeron en manos de propietarios que extendieron los cercos de alambre de púa en todos los estados del oeste. El alambre de púa le puso fin a las manadas de búfalo que recorrían todo el territorio. El alambre ayudó en traer un fin violento y trágico a las culturas indígenas que habían habitado el territorio Norteaméricano por siglos.

El uso de electricidad en los alambres del telégrafo y el teléfono abrió tormentas de cambio en muchas otras direcciones. Pronto las calles de las ciudades comenzaron a iluminarse en las noches. En 1882, Tomás Alva Edison inventó el foco de luz e inició una compañía que eventualmente comenzó a alumbrar la ciudad de Nueva York. En una generación casi todas las ciudades en la nación serían alumbradas en la noche por la luz eléctrica. Los inventos, provocados por la electricidad, son muchos para enumerar. Y lo que sucedió con la electricidad tuvo paralelos con el uso de petróleo, y gas que en estos años llegaron a uso general.

Todas las tormentas de progreso que la nación abrazaba con entusiasmo fueron acompañadas por tormentas de dolor y agonía. Y esas eran las que más preocupaban a Elena G. de White en 1888.

Desde 1863 Elena había comenzado a hablar públicamente sobre la necesidad de trabajar en favor de los pobres. En repetidas reuniones ella había insistido que la Iglesia Adventista no estaba haciendo suficiente para los hombres, mujeres, y niños que vivían en las grandes ciudades de la nación. La condición de las ciudades, y lo que la iglesia Adventista no hacia en ellas, persistía en la mente y el pensar de Elena.

Ella sabía que era muy común encontrar a los pobres de la ciudades viviendo como animales. Seis, siete y ocho personas viviendo en un cuarto donde dormían, comían, y cocinaban. En la mayoría de las ciudades grandes de la nación aparecieron los "tenements", apartamentos donde los pobres entraban como sardinas enlatadas. En la ciudad de Nueva York habían más de 25,000 "tenements" con más de un millón de habitantes. Era muy común ver niños que apenas caminaban corriendo en la mugre y desorden de estas habitaciones donde florecía el hambre, la falta de higiene, la enfermedad, las ratas y el crimen.

En la mayoría de las ciudades grandes de la nación miles de niños no iban a la escuela y trabajaban de 12 a 14 horas al día. Miles de mujeres sobrevivían vendiendo sus cuerpos como prostitutas. En la ciudades de Kansas, e Indianapolis un grupo de pastores declaró que las mujeres de sus ciudades tienen que elegir entre una muerte de hambre o la prostitución. En la ciudad de Nueva York era muy común encontrar sótanos donde hasta cien mujeres y niños trabajaban todo el día sin ventilación.

En las minas de Pensilvania los niños de siete, ocho, y nueve años de edad trabajaban hasta doce horas al día en la oscuridad. El periódico, Lucerne Union reportó en 1876 que durante esa semana por lo menos un niño murió a diario en las minas, y nadie hacía nada.

En este tiempo no existía legislación laboral. Los obreros no tenían vacaciones pagadas, seguro médico, o pensiones de jubilación. Cuando una mujer, que hacía flores artificiales, se envenenó con las tintas que usaba en el trabajo y no pudo trabajar más, sus patrones la corrieron. Eso pasaba a diario. En la ciudad de Rochester Nueva York un edificio de 7 pisos en el cual funcionaba una fábrica que empleaba 270 mujeres solamente tenía una escalera para entrar y salir.

El desempleo era horrendo. Las fábricas cerraban con las misma rapidez con que abrían. En 1870 habían 3,151 fábricas de hacer botas en los Estados Unidos que empleaban 91,702 obreros. Diez años más tarde el número de fábricas de botas bajo a 1, 954. Pero la producción aumentó dramáticamente en esas fábricas gracias a la nueva maquinaria que se inventó. Los que sufrieron las consecuencias de los inventos fueron los obreros. Para 1880 solamente 20,000 obreros seguían trabajando en esa industria. Más de 70,000 de ellos quedaron sin empleo, esto era solamente en la industria de las botas.

Cuando Elena pensaba y argumentaba en favor de los pobres y las ciudades se refería a estas condiciones. En uno de sus últimos sermones en la conferencia General de 1888 Elena dijo: "Yo he visto damas en Inglaterra que andan en sus carrozas con sus perros pequeños en sus brazos, envueltos en pequeñas frazadas." Continuó diciendo que a esos perros se le hace lindas casas y hogares. Mientras que por la calle pasan niños pequeños y mujeres miserablemente pobres. Ella preguntó a los delegados de la Conferencia General "¿Qué sentido tiene esto?"

Durante las reuniones llegó una carta del Pastor Butler que animaba a sus seguidores que se mantengan firmes que no se dejen vencer. Cuando Elena supo de esa carta ella se sentó a escribirle a Butler regañándolo por animar y darle fuego a la tormenta. Ella escribió convencida que Satanás estaba trabajando para divertir la atención de la Iglesia. En la opinión de Elena la iglesia debía involucrarse en asuntos mucho más importantes que debates teológicos.

En su diario ella escribió:

"Mi preocupación durante la reunión era presentar a Jesús y su amor ante los hermanos, porque vi evidencia marcada que muchos no tenían el espíritu de Cristo. Mi mente se mantuvo en paz, contemplando a Dios, y sentí tristeza al ver que un espíritu diferente había llegado a la experiencia de mis hermanos ministros.........." (MS 24, 1888)

Apesar de los sermones que Elena presentó en el congreso de la Asociación General de 1888 la atención de los pastores y los dirigentes de la Iglesia se mantuvo firme en la lucha entre los conservadores y los liberales. Elena lamentó el hecho que ellos no podían ver un cuadro más grande. Le trajo mucha tristeza ver que sus compañeros de trabajo estaban más preocupados de la lucha por el control de la Iglesia que por los miles y millones de hombres, mujeres y niños en las ciudades de la nación que aún no conocían a Cristo.

Capítulo 21

Nueve Años en Australia

En la tarde del 12 de Octubre de 1891 un grupo de 25 Adventistas del Séptimo–Día viajaban rumbo al sur al puerto de San Francisco en carruajes tirados por caballos. La delegación descargó sus maletas y pertenencias de viaje en la sombra del barco. Desde el muelle se veía hacia el este, al otro lado de la bahía, la ciudad de Oakland, y en la dirección opuesta hacia la salida el Océano Pacífico. El viento soplaba las banderas y las velas de los barcos refrescando al grupo de viajeros después de una larga jornada.

A la hora indicada el grupo comenzó abordar al S.S. Alameda, el barco que los llevaría a su destino. En la compañía viajaba Elena G. de White, de 63 años de edad, con tres asistentes, May Walling, Fannie

Bolton y Emily Cambell. El grupo salía rumbo al continente más pequeño del planeta, Australia.

En la primavera de ese año, unos meses antes del viaje, en las reuniones de la Asociación General, realizadas en Battle Creek, los delegados votaron que los Adventistas debían fundar escuelas en el campo misionero para que los hijos de los miembros de esos campos no tengan que viajar largas distancias en busca de educación. También acordaron que la primera de esas escuelas debía fundarse en Australia, donde la Iglesia Adventista ya tenía varias congregaciones.

Convencidos que la presencia de Elena G. de White impulsaría a los Australianos a fundar una buena escuela los dirigentes de la iglesia en Battle Creek, Michigan le pidieron que viaje a Australia. Elena no estaba convencida que la idea era buena, pero después de mucha presión de su hijo Willie y amigos ella decidió ir.

Después que los pasajeros se embarcaron, el viaje largo que tomaría 25 días comenzó, de San Francisco, California a Sidney, Australia. El primer día el barco tuvo que navegar por una tormenta violenta pero de ahí en adelante el viaje fue muy agradable.

En siete días el barco llegó a las Islas de Hawaii, donde Elena tuvo la oportunidad de predicar a un pequeño grupo de Adventistas que adoraban en Honolulu. En Samoa después de otra semana de viaje Elena quedó favorablemente impresionada con la gente y la cultura Samoana. Eventualmente después de descansar unos días en Nueva Zelandia y visitar con algunas familias Adventistas, el barco llegó a su destino, Australia.

Por siglos el continente Australiano había sido habitado por aborígenes he ignorado por el mundo occidental. Sin embargo en el siglo 16 cuando los europeos comenzaron a explorar el Pacífico, marineros españoles llegaron a esta parte del mundo. En 1568 Alvarado de Mendaña y Pedro Sarmiento de Gamboa encontraron unas islas, al norte de Australia que nombraron las Islas de Salomón creyendo que tendrían muchas riquezas. Pero pronto los españoles, los holandeses, y los ingleses notaron que la región no tenía las riquezas que ellos buscaban. Y por varias generaciones se abandonó la región. Los viajes del Capitán James Cook unos doscientos años más tarde, 1768 al 1779 renovó el interés en la región del sur del Pacífico.

Los Ingleses desarrollaron un interés notorio en Australia después de la Guerra de Independencia con los Estados Unidos en 1776. Hasta esa fecha Inglaterra había exportado todos sus reos a las Américas. Cuando las prisiones, en Inglaterra, se llenaban de criminales y prostitutas, los jueces ingleses ordenaban que se mande un barco lleno de estas personas a una de las trece colonias en Norteamérica. Pero cuando los colonos norteamericanos declararon su independencia, esa avenida que dejaba a los Ingleses vaciar sus prisioneros en América se cerró. La solución que se le encontró al dilema fue establecer una colonia en Australia y mandar los reos ahí.

En Enero de 1788 llegaron 717 reos a la Bahía Botany en Australia, 197 de los prisioneros eran mujeres, entre ellos muchos irlandeses. Así comenzó a poblarse de ingleses el continente Australiano y las Islas cercanas, Tasmania y Nueva Zelandia. Inicialmente las colonias inglesas de Australia pasaron por tiempos muy difíciles donde muchos perdieron sus vidas por falta de comida y enfermedad. Sin la ayuda de Inglaterra los colonos no podían alimentarse. Pero con el tiempo los ingleses aprendieron a sobrevivir en el nuevo continente. Ya para 1828, un año después que nació Elena, Australia tenía una población de 15,000 convictos y 21,000 colonos. En 1841 vivían 27,000 convictos y 100,000 colonos ingleses e irlandeses en las diferentes ciudades del continente Australiano.

En 1797, un oficial militar John McArthur, trajo unas pocas ovejas merinos del sur de Africa. Estas ovejas se habían hecho famosas en España y las Américas por la habilidad que tenían en adaptarse y multiplicarse en distintos climas. Eventualmente las ovejas Merinos transformaron la economía de Australia. Los rebaños de ovejas se multiplicaron tan rápido que para 1850 había más de 15 millones de ovejas en el continente. Esto impulsó a los ingleses a tomar control del mercado mundial del algodón y lana, sobre pasando a los españoles y a los alemanes. A mediados de sigo 19 los ingleses dominaban el mercado de la lana.

Para ayudar a sostener esta mono-economía Australiana, dependiente del ganado, florecieron varias ciudades en el sur del continente. Las ciudades generalmente fueron puertos de donde se exportaba la lana y llegaban los productos ingleses. Muchos de los que hicieron sus hogares en estas ciudades sobrevivieron trabajando en las distintas ocupaciones que apoyaban la economía.

La Iglesia Adventista tuvo sus inicios en Australia entre los obreros que vivían en la ciudades en el sur de continente. A mediados de la segunda mitad del siglo 19 un colportor americano, William Arnold, llegó a Australia y trató de vender libros Adventistas. Por seis semanas visitó hogares tratando de vender su literatura sin éxito. Eventualmente comenzó a vender entre seis a ocho copias del libro Daniel y Apocalipsis cada día. Arnold se quedó en Australia tres años y antes de irse donó suficiente dinero a dos impresores Adventistas para que ellos compren una prensa.

Con la nueva prensa, dos de los pioneros de la Iglesia adventista en Australia, abandonaron sus empleos regulares y se dedicaron tiempo completo para iniciar un compañía que nombraron "Echo Publishing". Esta nueva empresa comenzó a publicar literatura Adventista inmediatamente.

En 1885 llegó de Oakland California E.R. Palmer y organizó el trabajo de publicaciones en Australia. Para 1890, un año antes que llegue Elena, la Iglesia Adventista de Australia tenía más de una docena de colportores trabajando y aproximadamente 1000 miembros de Iglesia. La mayoría de los Adventista vivían en los suburbios de Sydney y Melbourne.

Uno de los grandes problemas que Elena encontró en Australia al llegar en diciembre de 1891 involucró a los hijos de los adventistas. En esos años las escuelas públicas de Australia dictaban clases el día sábado. Como resultado los hijos de los miembros además de no poder ir a la escuela el sábado debido a sus convicciones religiosas tampoco podían encontrar empleo una vez que tenían la edad para trabajar. Muchos de ellos comenzaron a vender libros y anhelaban una educación formal. Algunos de ellos planeaban ahorrar suficiente dinero para poder viajar a los Estados Unidos y estudiar en uno de los colegios Adventistas.

Elena trabajó incansablemente para iniciar una escuela en Australia. Cuando no estaba tratando de animar a los miembros en Australia que trabajen para fundar su propio colegio, ella se dedicaba a escribir a los dirigentes de la Iglesia en Norteamérica pidiendo apoyo. Ella argumentaba en sus cartas que no es justo que Norteamérica tenga todas las comodidades necesarias para avanzar la obra de Dios, mientras que el campo misionero queda abandonado.

La determinación incansable de Elena logró dar fruto casi dos años después que ella llegó, en Junio de 1893 cuando la asociación anunció que se alquilarían dos casas para comenzar una escuela en los suburbios de Melbourne. A mediados de agosto llegaron varios maestros de los Estados Unidos y la escuela comenzó el 22 de Agosto con 24 alumnos. La mitad de los alumnos eran colportores y casi todos jóvenes adultos.

Mientras que Elena luchó para la formación de la escuela ella pasó por uno de los períodos más difíciles en su vida. Su avanzada edad y una enfermedad que sufrió en los primeros años en Australia, especialmente un período de tres meses, la hicieron soportar mucho dolor físico. Escribió de esta experiencia;

"Durante este período experimenté el sufrimiento más doloroso de mi vida. No lograba levantar mis pies del piso sin sentir gran dolor. Mi mano derecha, desde el codo hacia abajo era la única parte de mi cuerpo que no tenía dolor. Mi cadera y espina dorsal estaban en dolor constante. No podía acostarme en mi cama por más de dos horas aunque tenía almohadas de hule debajo de mi. Me arrastraba de una cama a la otra cama y así pasaba las noches.(MS 75 1893)

Pero apesar del dolor físico Elena también podía decir; "Estos meses de sufrimiento fueron los más felices de mi vida, gracias a la compañía de mi Salvador."(MS 75 1893)

Elena ocupó mucho de su tiempo durante los primeros años en Australia escribiendo testimonios a los dirigentes de la Iglesia en los Estados Unidos. Ella escribió cartas largas a los líderes del Sanatorio en Battle Creek, a las casas de publicaciones, y a los dirigentes de las iglesias más grandes en las Estados

Unidos. Una carta que ella escribió, a mano, a S. N. Haskell se alargó a sesenta páginas.

En una ocasión después de haber escrito muchas cartas a los dirigentes de la obra en los Estados Unidos ella se sintió abandonada y comenzó a llorar en su cama. Pensaba que el viaje a Australia había sido un error. Pensó; ¿porqué gasté tanto dinero en venir a este continente tan lejano? Pero en unos instantes al darse cuenta de lo que estaba pasando se levantó de la cama, secó sus lágrimas y comenzó a hablarse a si misma.

"Elena, ¿porqué estas tan desanimada? ¿No es este el trabajo del enemigo? ¡Ya Basta! No voy a mirar el lado oscuro más. Viva o muera entrego mi alma al que murió por mi."(Letter 18a 1892)

En Diciembre de 1893 la escuela terminó su primer trimestre y celebró con una ceremonia de final de año. Los jóvenes volvieron a sus casa durante las vacaciones de verano. Las estaciones en el hemisferio sur son opuestas a las estaciones en el hemisferio norte. Mientras que en el norte, en diciembre, llega el invierno, en Australia en diciembre se inicia el verano. Después que la escuela terminó y los alumnos salieron a las diferentes comunidades australianas a colportar, Elena inició un viaje de unos pocos meses a Nueva Zelandia, la gran isla ubicada al este de Australia.

Durante esos meses ella visitó todas las Iglesias Adventistas en la Isla, predicó en el primer "camp meeting" que ella había asistido en el hemisferio sur, y participo en varias campañas evangelísticas. El trabajo en Nueva Zelandia fue tan intenso que el viaje que originalmente tomaría unos pocos meses se alargo más y más. Como resultado de las peticiones que los pastores en la isla hacían, Elena terminó quedándose en Nueva Zelandia más de un año.

Por varios años los dientes de Elena le habían
200 estado causando sufrimiento. En Nueva Zelandia ella decidió ponerle fin a esos dolores y le pidió a la doctora Caro, de Wellington, Nueva Zelandia que se los quite. A Elena solo le quedaban 8 dientes. En julio de 1893 la Dra. Caro le sacó, sin anestesia, ya que Elena tenía alergia a la anestesia, todos sus dientes. Después de la operación ella tuvo que quedar inactiva por dos meses mientras que la Dra. Caro le preparó dentadura postiza.

Cuando Elena volvió a Australia se lanzó una vez más al asunto de un buen colegio para los jóvenes de la Iglesia. Las casas que se rentaban en Melbourne nunca se habían considerado como el lugar permanente del nuevo colegio. Ella participó activamente en el comite que recibió la tarea de encontrar un lugar para la escuela. Viajó, con el comité, a varios locales en busca del lugar ideal. Elena acompañó al comité convencida que el lugar tenía que ser en el campo donde los jóvenes saldrían de las ciudades y tendrían un lugar donde trabajar para sufragar sus costos.

A fines de 1895 el comité encontró un terreno de aproximadamente 1450 acres a unas 75 millas al norte de Sydney cerca de la aldea de Cooranbong. El precio del lugar era tres dólares por acre.

Antes que el comité y Elena llegaran al lugar Elena tuvo un sueño donde vio tierra recién labrada y dos hombres examinando la tierra. Después que los hombres vieron la tierra ellos declararon que la tierra no servía para nada, no tenía valor. Pero en el sueño una voz le dijo a Elena que no crea lo que los hombres decían y que la tierra era buena. Cuando el comité llegó a los terrenos y mientras que los miembros del comité inspeccionaban el área ella encontró el lugar que había visto en el sueño. Los miembros del comité que sabían más de agricultura se acercaron y acordaron que la tierra no servía para labrar.

Elena insistió que el local sería el lugar ideal para el colegio y que la Iglesia lo debía comprar. Finalmente el comité decidió contratar expertos para determinar si valía la pena comprar el terreno. Después que los expertos vinieron e inspeccionaron el lugar y realizaron exámenes sobre la composición de la tierra, ellos reportaron que el terreno no tenía ningún valor. El comité decidió no invertir en esa localidad.

Convencida que Dios deseaba que ellos compren los terrenos Y al ver que la comisión optó contra la compra Elena compró vario acres con su propio dinero en la localidad, y comenzó a vivir ahí en una carpa. Plantó una cantidad de árboles frutales para demostrar que los expertos estaban equivocados. Mayormente por la insistencia de Elena y las cartas que ella mandó a los dirigentes de la Iglesia en Norteamérica eventualmente el comité compró el local.

En Abril de 1897 la escuela inició sus clases. Unos días antes del inicio los edificios todavía no estaban listo y no había dinero para emplear obreros. Elena tomó control de la situación pidiendo a todas las iglesia de Australia que manden voluntarios y con la ayuda de esos ayudantes el grupo comenzó a pintar paredes, acarrear ladrillos, y preparar el local para el día cuando llegarían los alumnos.

Unos pocos años después que el Colegio de Avondale abrió sus puertas por primera vez los alumnos del colegio comenzaron a cosechar anualmente duraznos, naranjas, limones, y mandarinas. Con la ayuda de arados que cortaban la tierra a un nivel profundo la tierra comenzó a producir muchas variedades de vegetales y granos. El colegio fundó una lechería y una fábrica de comida que generó trabajo para los alumnos y fondos para el colegio. Cada

domingo la facultad y los alumnos trabajan juntos en
 los diferentes sectores del colegio.

El Colegio de Avondale llegó a ser el modelo para los colegios Adventistas. Gracias a la insistencia de Elena los fundadores del Colegio de Avondale practicaron una serie de principios que contenían la visión de lo que Elena insistía debía ser un Colegio Adventista. Estos principios fueron. (1) Comprar un lugar amplio con mucha tierra en el campo. (2) Crear un programa donde los alumnos deben estudiar y trabajar. (3) Fundar industrias para que los alumnos puedan trabajar y la escuela pueda recibir beneficio. (4) Crear un sistema de ayuda financiera para el alumno (5) Crear un sistema de servicio a la humanidad donde los alumnos usen su tiempo ayudando a otros y no recreándose en los campos atléticos solamente.

Los consejos y la presencia de Elena en el colegio de Australia guiaron a esa institución unos pocos años después que la institución abrió sus puertas. Elena pensaba quedarse en el Colegio de Avondale el resto de su vida. Le gustaba el ambiente y parecía que la presencia de jóvenes le traía vitalidad. Pero las cartas que recibía periódicamente reportando lo que estaba sucediendo con la iglesia en los Estados Unidos la preocupaban.

Capítulo 22

Elena y los Afro-Americanos

Inspirado por el entusiasmo de sus alumnos y el éxito de su escuela, en 1895, Jaime Edson White, el hijo mayor de Elena G. de White, miró al grupo de cien alumnos que llenaban la Iglesia Bautista de Vicksburg, Mississippi. Una sonrisa abarcaba la cara de Edson White , una sonrisa de satisfacción y alegría. Jamás se habría imaginado, unos años antes, que la puerta para proclamar el Evangelio a los afro-americanos, ex-esclavos, del sur de los Estados Unidos, se abriría tan rápido. El salón de la Iglesia zumbaba con actividad mientras que los alumnos, niños y adultos usaban el libro que él había escrito. Hasta los más jovencitos hojeaban el libro con curiosidad imitando a los mayores. Como personas hambrientas los alumnos absorbían todo lo que se le enseñaba en su afán en aprender a leer.

Estos años, comenzando en 1895 serían los más felices y difíciles en la vida de Edson. Edson nació el mismo año que su padre, James White publicó el primer periódico de la Iglesia, el "Present Truth" en 1848. Criado en un hogar Adventista, durante los años de la adolescencia Edson comenzó a alejarse de la Iglesia y los principios que se practicaban en su hogar. Después de aprender como manejar una prensa y editar periódicos, Edson trató de iniciar su propio negocio en Chicago. Fracasó. Con el tiempo dejó de asistir a las reuniones de la Iglesia y a pesar que Elena White, su madre, le escribía desde Australia constantemente para animarlo y pedirle que vuelva a la Iglesia, Edson navegó varios años sin formar parte activa de la comunidad Adventista.

En esos años Edson visitó las oficinas de la Revista Adventista (Review and Herald), en Battle Creek. Durante su visita comenzó a hablar con uno de los obreros de la prensa. En los meses antes de esta conversación Edson había hablado con dos personas que trabajaban en el sur de los Estados Unidos. Ellos le habían detallado la condición deplorable en la cual vivían los afro-americanos de esa región. En el transcurso de esa conversación el obrero de la prensa le contó que él había visto un folleto, escrito por su mamá, en uno de los cuartos en el segundo piso que decía algo del trabajo en el sur de la nación, la curiosidad de Edson tomó control.

Rápidamente los dos hombres corrieron al segundo piso y encontraron tirado en una esquina del taller un folleto, titulado "Nuestro Deber con la Gente de Color". El folleto contenía un testimonio que Elena White, su madre, había dado oralmente, a los dirigentes de la Iglesia que asistían a las reuniones de la Conferencia General en Batttle Creek, unos meses antes que ella se fue a Australia, el 21 de Marzo de 1891.

Con el pasar del tiempo el mensaje, que irritó a muchos de los presentes por su franqueza, quedó en el piso del taller en el polvo del olvido. Los dirigentes de la iglesia no deseaban escuchar lo que Elena había comunicado y se les hizo mucho más fácil ignorar lo que ella dijo y mandarla a Australia.

Pero cuando Edson encontró el testimonio, varios años después, esas palabras fueron el ímpetu necesario para inspirar a Edson a dedicar el resto de su vida en proclamar el evangelio a los afro-americanos en el sur de los Estados Unidos.

En unas pocas semanas Edson, su esposa, un amigo y esposa comenzaron a construir un barco a vapor cerca del lago Michigan. Cuando lo terminaron le dieron el nombre de "The Morning Star"(El Lucero de la Mañana) al barco, y las dos parejas comenzaron el viaje por el Río Mississippi hasta la ciudad de Vicksburg. Un joven afro-americano que había navegado el río casi toda su vida pero no podía obtener licencia para manejar los barcos a vapor del río, por el color de su piel, los guió rumbo al sur. Cuando aparecían las autoridades Edson, que no conocía el río, tomaba control del volante.

Eventualmente el grupo llegó a Vicksburg donde iniciaron la escuela con un doble propósito, primero enseñar a los habitantes afro-americanos de Vicksburg como leer y segundo introducirlos a Cristo.

La historia de los africanos en las Américas es una historia larga, triste y llena de sufrimiento y dolor. Comenzó cuando hombres africanos viajaron con casi todas las expediciones de exploración del Nuevo mundo después de la llegada de Colón en 1492. A mediados del siglo 16 los Europeos Cristianos ya habían comenzado la horrible institución de la esclavitud. Los portugueses y los españoles la iniciaron y los Ingleses y holandeses la desarrollaron a nivel de un arte diabólico.

Aunque es imposible determinar con exactitud cuantos hombres, mujeres y niños fueron raptados de sus hogares en el continente Africano, un autor estima que en el siglo diez y seis fueron 900.000, durante el siglo diez y siete 2,750,000, en el siglo diez y ocho 7,000,000 y en el siglo diez y nueve 4,000,000. Cuando uno comienza a tabular el número de personas que perdieron sus vidas resistiendo ser capturados y el número que murió de hambre, y enfermedad cruzando el Atlántico la suma es realmente espantosa.

Muchos de los dueños de los barcos amontonaban, en sus naves, a los esclavos encadenados como sardinas enlatadas. Los forzaban existir en un espacio de menos de un metro de altura. Los capitanes más crueles ni los alimentaban. Sacaban a los esclavos de la oscuridad del interior de los barcos cada dos o tres días para que respiren aire fresco ya que ni proveían lugares para ir al baño. En muchos de estos viajes era común votar, a diario, cuerpos muertos al mar. Como muchos de los capitanes de los barcos no alimentaban a sus victimas y las condiciones eran tan horrendas era muy común perder hasta mitad de su cargo humano.

Aunque existían esclavos en casi todos los estados de Norte América, la población de esclavos en los Estados Unidos comenzó a aumentar dramáticamente con la producción de algodón en los estados del sur. En 1790 el censo de la nación contó 700,000 esclavos. Para 1830, tres años después que nació Elena, la población de esclavos estaba a dos millones. Cuando inició la Guerra Civil en 1860 la población de esclavos afro-americanos era de 3,953,760. Y el estado de Mississippi, a donde Edson White viajó unos 30 años después de la Guerra Civil, tomó el liderazgo sobre los estados que tenían plantaciones con más de 20 esclavos.

Cuando la Guerra terminó en 1865 un grupo de ciudadanos afro-americanos de Vicksburg, Misisipí, ex-esclavos y soldados que habían participado en la guerra, se reunieron para protestar declaraciones del presidente de la nación que los excluía de poder participar en las elecciones locales. Ellos elaboraron una resolución que demandaba que "los derechos de los ciudadanos de color se defiendan".

El trato que recibían los afro-americanos que deseaban votar en las elecciones locales o federales.

Lamentablemente el trato que los afro-americanos recibieron de los ciudadanos blancos en

Misisipí no cambió después de la Guerra Civil. Aunque en teoría todos los afro-americanos, después de la Guerra Civil eran hombres libres, en realidad la mayoría seguía viviendo en una esclavitud económica.

La ignorancia, como una plaga, mantenía a miles presos de las enfermedades y los dueños blancos que controlaban las mejores tierras del estado. La mayoría de los hombres afro-americanos no sabían leer ni tenían escuelas para sus hijos. La población blanca temía que ellos reciban una educación. Por lo tanto trabajaron incansablemente, por muchas generaciones, para que los afro-americanos sigan viviendo en la ignorancia y bajo el control absoluto de la población blanca.

Por eso cuando Edson llegó en su barco, el "Lucero de la Mañana" a Vicksburg en 1895, treinta años después de la guerra, encontró terreno fértil para su trabajo. Muchos afro-americanos deseaban aprender a leer. Como esponjas secas ansiosas para recibir agua los afro-americanos anhelaban mejorar su condición. Las reuniones que él inició en su barco se llenaban de personas que deseaban escuchar el mensaje que Edson y sus amigos traían. Eventualmente el grupo tuvo que buscar un lugar más grande para conducir sus reuniones, encontraron una iglesia Bautista.

No todos se regocijaban que Edson White había llegado a Vicksburg. Los dueños blancos de las mejores tierras de la región no tuvieron problemas con la delegación Adventista que llegó a Vicksburg mientras que pensaban que lo único que Edson hacía era hablar de religión. Pero cuando ellos se dieron cuenta que los alumnos de Edson estaban aprendiendo a leer, los problemas comenzaron y los obstáculos florecieron. Pronto empezaron a aparecer las amenazas que si el grupo Adventista no se iba de Vicksburg corrían el peligro que los ahorquen.

Los periódicos locales lanzaron una campaña de difamación hacia el grupo Adventista. Acusaron a uno de los maestros de la escuela Adventista que había adoptado a una niña afro-americana, que él estaba viviendo con ella. Inventaron una serie de mentiras con el afán de asustar a los Adventistas que estaba enseñando a los afro-americanos a leer. Publicaron que los Adventistas trabajaban el domingo y violaban el día del Señor. La acusación más serias que los periódicos de la región lanzaron contra Edson White y su compañía fue que los Adventistas no tan solo enseñaban la igualdad social sino también la practicaban.

Para los blancos de Misisipí esto constituía un pecado mortal. Insinuar que los negros tenían los mismos derechos que los hombres blancos era un concepto inconcebible para ellos. Esas ideas constituían un ataque frontal contra la estabilidad del orden social. Ellos jamás permitirían que esas ideas sean distribuidas en Misisipí.

En este ambiente Edson White tuvo que cuidar cada paso que tomaba. En varias ocasiones grupos de hombre lo buscaron para colgarlo de un árbol con el fin de matarlo, una costumbre que se había hecho muy común en Misisipí.

Pero los problemas que más hirieron a Edson no fueron los problemas con los residentes blancos de Misisipí sino los problemas instigados por sus propios hermanos en la iglesia Adventista. Inicialmente los fondos que sostenían la obra de Edson en Misisipí salían de la venta del libro que él escribió. Unos meses después de llegar a Vicksburg la Casa editora en Battle Creek (Review and Herald) tomó la decisión de no publicar más el libro. El administrador de la revista encontró otro libro similar que podía lograr más ganancias para la empresa y costaba menos producir.

Esta decisión le cortó dramáticamente las entradas a la misión de Edson White. Un tiempo más tarde la Conferencia General le corto el sueldo a Edson y eventualmente se desvió una ofrenda que se había recogido para ese proyecto. En parte esta situación imanaba de la actitud que los americanos blancos abrazaban en torno a las diferentes razas en los Estados Unidos.

En los Estados Unidos, durante el siglo XIX, florecieron teorías sobre las diferencias entre las razas. Las enseñanzas del Dr. Thomas Cooper del South Carolina College en 1826 reflejaban lo que la mayoría de los norteamericanos sentían, "..... la inferioridad del intelecto natural de los negros no se puede negar...... Ellos no son capaces de mucho mejoramiento mental, o de ninguna adquisición literaria o científica."

Estas ideas sobre la superioridad del hombre blanco y la inferioridad de los hombres de color tomaron vuelo a principios del siglo especialmente después que las ideas de registro bíblico se pusieron en duda. Con la obra de Carlos Darwin a mediados del Siglo XIX, y los Teólogos Alemanes que insistieron que la Biblia contenía solamente mitos, fue fácil descartar la idea que el hombre desciende de una pareja. Y pronto los eruditos universitarios en los Estados Unidos postulaban la creación de varias parejas y la idea de muchas razas.

A mitad de siglo el Dr. S. Morton, un investigador de Filadelfia, publicó su obra maestra Crania Americana que se usaba con mucha frecuencia por los escritores populares de la época. Un escritor dijo de este libro en 1849;

"Mediante una serie de experimentos bien ejecutados, ha establecido(el autor) el hecho, que la capacidad del cráneo mongol, indio, y negro, y todas las razas oscuras es más pequeño que la del hombre blanco, puro. Y estas deficiencias parecen ser bien marcadas en esas partes del cerebro asignadas a las facultades intelectuales y morales."

Siguiendo este tipo de lógica personas como, Ralph Waldo Emmerson, considerado uno de los grandes pensadores de los Estados Unidos en el siglo XIX, comenzaron a elaborar sus teorías sobre las diferentes razas. Emmerson escribió en su libro English Traits (uno de los libros más populares en la segunda mitad del siglo XIX), que la raza anglo sajona era superior a todas;

"Ellos (los anglo sajones) están edades más adelantados del resto del mundo en el arte de vivir; en algunas direcciones ellos no representan el espíritu moderno sino lo constituyen... Ellos controlan fríamente esta vanguardia de civismo y de poder, marchando en falange, pie tras pie, fila tras fila de héroes, cien mil de profundidad."

Estas ideas populares, firmemente aferradas en las universidades de la nación, cortaron directamente contra lo que Elena White creía y enseñaba. Ella se había opuesto a estas nociones por años. Siempre insistió que todos los hombres, negros, blancos, amarillos, rojos, etc. eran creación de un Dios.

Sin embargo hablar de este tema le trajo muchos enemigos dentro de la iglesia. Especialmente cuando hizo declaraciones como esta a los treinta dirigentes más importantes de la Iglesia en el tabernáculo de Battle Creek en 1891;

"El pecado descansa sobre nosotros como Iglesia porque no hemos hecho un esfuerzo más grande en la salvación de las almas de la gente de color."(discurso en Battle Creek 1891)

Al recibir reportes, en Australia, de los problemas

que su hijo estaba sufriendo al trabajar para los afroamericanos en Misisipí ella decidió escribir una serie de artículos para la Revista Adventista sobre el tema, invitando a los miembros de la Iglesia Adventista que participen en este trabajo. Como resultado de esos artículos la Escuela Sabática de la Iglesia recibió ofrendas de $11,000.00. Ofrendas que fueron recogidas pero nunca llegaron a Misisipí.

Cuando Elena comenzó a darse cuenta de la falta de apoyo de la Conferencia General hacía el trabajo de su hijo, Edson, en Misisipí ella escribió en 1895;

"Estoy profundamente preocupada en relación a la forma que se ignora las apelaciones y advertencias........."

"El dinero que se gasta en engrandecer instituciones en Battle Creek se podría dedicar en una forma más sabia en plantar la verdad en ciudades y lugares donde aún no ha llegado."

"El sacerdote y el levita representan a muchos, muchos en Battle Creek............ La maldición de Dios está sobre los administradores por su parcialidad y egoísmo en apropiar los bienes." (Unpublished Manuscripts P13)

La indiferencia de los dirigentes de la Conferencia General hacia el trabaja con los Afro-americanos, a pesar de los reproches de Elena, no llegaron a su fin. Durante los últimos cinco años de su estadía en Australia ella siguió amonestando y escribiendo sobre el asunto.

Durante la década de 1890, cuando Elena G. De White vivía en Australia, los Afro-americanos en los Estados Unidos tuvieron que soportar una serie de desgracias sin paralelo en la historia de la nación. Uno por uno los estados del sur comenzaron a pasar leyes que discriminaban contra el afro-americano. Por ejemplo en 1896, en el estado de Luisiana habían 130,334 afro-americanos registrados para votar en las elecciones públicas, pero gracias a las leyes discriminatorias que se pasaron en ocho años el número de afro-americanos registrados para votar se había reducido a 1,342.

Estas leyes tomaron el nombre de "Jim Crow", un actor popular que se pintaba la cara negra y en su papel como negro hacía todo lo que el hombre blanco le mandaba. Estas leyes le quitaron el voto al afro-americano, lo forzaron a sentarse en secciones separadas en restaurantes, teatros, y lugares públicos. Establecieron baños, cementerios, y escuelas para los afro-americanos para asegurar que ellos no se mezclaran con los blancos.

El odio de los blancos contra los afro-americanos se encendió durante estos años y era muy común ver a comunidades enteras tomar hombres negros, inocentes de las acusaciones que se les hacía, y colgarlos del árbol más cercano. Estas turbas blancas ahorcaron a más de 150 afro-americanos en 1892. Entre 1899-1918 más de 2500 afro-americanos fueron ahorcados.

En 1916, en Waco, Texas, una turba de hombres, mujeres, y niños gritaba y aplaudía mientras que se quemaba y mutilaba el cuerpo de un joven afro-americano. Muchos de los presentes agarraban trozos del cuerpo mutilado y se los llevaban a casa como recuerdo del evento.

Este ambiente nacional recibió la bendición de la Corte Suprema de la nación en 1896 cuando el caso de Plessy contra Ferguson llegó a la corte que aprobó la doctrina "Separados pero Iguales". La idea de la corte era que mientras los negros recibían los mismos derechos que los blancos, aunque estén separados, se hacía justicia. Pero lo que sucedió en la realidad fue que los afro-americanos recibieron lo peor de todo con la bendición de las leyes de la nación.

Cuando Elena volvió a los Estados Unidos en 1899, ella renovó su insistencia sobre el deber de la Iglesia de ayudar a la gente de color. Escribía cartas ásperas y duras, insistiendo que los dirigentes tomen control de la situación. Visitó personalmente el sur de los Estados Unidos en su afán de establecer escuelas y clínicas para la población Afro-americana. Apoyó a su hijo Edson en el trabajo que él estaba realizando en Misisipí, aunque muchos de los dirigentes de la iglesia lucharon contra ese apoyo.

En 1901 Elena le escribió a un miembro de la iglesia, el Señor Evans insistiendo;

"El Señor no aceptará ninguna excusa por la negligencia del campo en el Sur. El reproche no a sido borrado. Cristo ha sido violado en la persona de sus santos. Dios ha sido robado del dinero que Él deseaba usar en abrir el trabajo en el sur. Y esta obra miserable será repetida si no se ve en la luz de lo que realmente sucedió."

"Yo pensé que nunca tendría que escribir sobre este asunto otra vez. Pero no puedo mantenerme sin hablar cuando se presentan estas cosas ante mi. Anoche fue la segunda vez que este asunto se me presentó." (Letter to Bro Evans 1901)

Gracias a la insistencia de Elena el trabajo en el sur de la nación continuó. Aunque hasta hoy Edson White es visto en la historia de la iglesia como un personaje excéntrico, sin diplomacia, y errático por su trabajo con los afro-americanos, el trabajo que él comenzó abrió las puertas para que miles de afro-americanos aprendan a leer, escribir y recibir el evangelio. En 1909 gracias al trabajo que Edson White comenzó con el apoyo y el consejo de Elena entre los

Afro-americanos la Iglesia operaba 50 escuelas en el sur de la nación con más de 1800 alumnos. Dos clínicas, para la población afro-americana abrieron sus puertas en Nashville y Atlanta. Cuando Edson comenzó su trabajo eran menos de 50 miembros afro-americanos en la Iglesia Adventista y en 1909 ya habían 900.

Casa de Elena G. de Whitle en Santa Elena, California

Capítulo 23

La Conferencia General de 1901

El 2 de Abril de 1901 El Presidente de la Conferencia General, George Irwin tomó el púlpito del Tabernáculo de Battle Creek y dio inicio a la sesión plenaria de la Conferencia General de los Adventistas del Séptimo-Día. Más de 250 delegados de las 45 Conferencias Adventistas en los Estados Unidos y el mundo escuchaban atentamente cuando Irwin comenzó a hablar. Después de la invocación, y un informe del estado de la Iglesia el presidente dijo;

" Ahora la sesión se abre formalmente. ¿Cuál es su placer?"

Sentada en las primeras filas de la iglesia Elena G. de White, anciana de 73 años de edad, se levantó y comenzó a caminar hacia la plataforma del Tabernáculo.

Un silencio absoluto saturó la delegación. Todos los ojos siguieron la figura de Elena mientras que ella subía los escalones que llevaban al púlpito. Esta era la primera sesión de la Conferencia General a la cual ella había asistido en los últimos diez años y algunos de los presentes anticipaban cambios radicales con su presencia.

Un año antes de este evento Elena vivía en su casa, en el otro lado del planeta, a unos metros del Colegio Adventista de Avondale Australia en. Sus planes eran quedarse en Australia indefinidamente. Pensaba terminar los últimos años de su vida en Australia escribiendo libros y artículos para las publicaciones de la Iglesia. Elena no tenía la menor intensión o idea que en unos pocos meses ella estaría cruzando, una vez más, el Pacífico rumbo a los Estados Unidos. Ni se imaginaba que en unos pocos meses ella, su hijo y sus ayudantes abandonarían su hogar en Australia, y volverían a los Estados Unidos.

Los planes de Elena comenzaron a cambiar rápidamente en el invierno de 1900, desde Mayo a Julio. Una serie de cartas y mensajes, sobre lo que estaba sucediendo con las instituciones Adventistas en Battle Creek dejaron a Elena intranquila. Elena temía que los dirigentes de la Iglesia caminaban por un sendero muy peligroso al leer la noticias que llegaban de los Estados Unidos y si no cambiaban su trayectoria ellos estaban dirigiendo la comunidad Adventista hacia la destrucción.

Durante los nueve años en Australia Elena escribió cientos de cartas personales a los líderes de la Iglesia aconsejando, advirtiendo, y animando. Muchas de esas cartas llegaron al escritorio del Doctor John Harvey Kellogg, director del Sanatorio de Battle Creek. El Sanatorio se había convertido en la institución más grande de la Iglesia Adventista. Empleaba mas de 2000 personas. Y Kellogg manejaba un poder sorprendente dentro del Movimiento Adventista.

El deseo insaciable de expandir las instituciones médicas de la iglesia Adventista acompañado por un espíritu independiente y testarudo llevó a Kellogg a una serie de conflictos con otros lideres de la Iglesia. Llegó el día cuando Kellogg desconfiaba en el clero de la Iglesia y vivía totalmente amargado con ellos. Primeramente porque muchos de ellos no eran vegetarianos, no practicaban los principios de salud y daban un mal ejemplo a los miembros de la iglesia. Y En segundo lugar porque ellos influían sobre las mejores mentes jóvenes de la iglesia para que estudien teología, dejando lo que sobraba para el estudio de la medicina. En los últimos años del siglo Kellogg llegó a la conclusión que Elena G. De White también se había transformado en su enemigo.

Elena, además de estar preocupada de Kellogg, había escrito muchas cartas y artículos para la revista Adventista sobre el abandono sorprendente de la iglesia hacia la comunidad afro-americana en sur de los Estados Unidos. También le preocupaba la indiferencia fría que los dirigentes de la Iglesia demostraban hacia las ciudades grandes de la nación.

Al escuchar estas noticias, en Australia, Elena no dormía bien, preocupada por lo que estaba sucediendo en los Estados Unidos. Eventualmente Elena llegó a la conclusión que varios de los dirigentes de la obra no eran hombres totalmente entregados al adelanto del Evangelio sino simplemente interesados en su propio bienestar. Temía que muchos de ellos trabajaban para la iglesia simplemente para ganar un sueldo. Temía que la Iglesia se manejaba más y más como un negocio. En la opinión de Elena la Iglesia parecía preocuparse más con la construcción de edificios e instituciones y menos con el objetivo de esparcir el evangelio a hombres mujeres y niños que vivían en la miseria sin el beneficio de las "Buenas Nuevas".

Después de varias semanas sin dormir bien, preocupada por el futuro de la Iglesia, Elena decidió viajar a las reuniones de la Conferencia General de 1901. Después de la sesión, ella razonó, volvería a su casa en Australia, a continuar con su trabajo, escribiendo y editando sus libros. Esa decisión no fue fácil tomar ya que ella tenía más de setenta años y la idea de viajar a Michigan durante el invierno le causaba terror.

En esas últimas semanas antes de salir de Australia los cambios tomaron un ritmo aún mas rápido. Llegó el día cuando Elena anunció que vendería su casa, aparentemente no planeaba volver a Australia. Su equipo de ayudantes no entendían lo que estaba sucediendo. Su hijo Willie insistió que sería imposible vender la casa en tan poco tiempo. Pero en unos días la casa y todos los muebles se vendieron y en vez de viajar en Noviembre como se había planeado Elena y su grupo de ayudantes salieron del puerto de Sydney en el mes de Agosto. El viaje tomó 23 días vía Nueva Zelandia, Samoa, Hawaii, y San Francisco.

Elena no tenía la menor idea a donde iba a vivir al llegar a los Estados Unidos. Inicialmente pensó que el mejor lugar sería en Battle Creek para estar más cerca de la sede de la Iglesia. Sin embargo optó quedarse en California temiendo el clima frío de los inviernos de Michigan. Trató de buscar una casa en Oakland sin éxito. Finalmente, cerca del Sanatorio Adventista en el Valle de Napa, en las afueras del poblado de Santa Helena, Elena encontró una casa victoriana, grande, de dos pisos, con muchos árboles frutales. En esas casa Elena viviría el resto de su vida.

Por el bienestar de Elena los dirigentes de la Conferencia General decidieron tener las reuniones en Oakland California, y no en Battle Creek, Michigan, a principios de 1901. La decisión se tomó con el fin de estar más cerca de la casa de Elena para que ella no tenga que viajar hasta Michigan. Pero varias cartas de amigos y conocidos la convencieron que por el bienestar de la Iglesia, especialmente el problema que estaba creciendo con el Doctor Kellogg, sería mejor tener las reuniones en Battle Creek. Ella concordó con esa posición y apoyó la idea que se siga con las reuniones en Battle Creek.

Unas semanas antes de las reunión de la Conferencia General le llegó a Elena a su casa una carta del Doctor Kellogg invitándola que ella se quede con él mientras que visitaba Battle Creek. Inicialmente no sabía si sería sabio hacer eso, ya que muchos pastores hablaban tan mal de Kellogg. Finalmente Elena aceptó la invitación, ella deseaba unir a Kellogg a la familia Adventista.

Llegó el día cuando Elena comenzó el viaje a Michigan. Elena temía el clima frío del invierno y el viaje por las Montañas Rocosas, por lo tanto decidió viajar hacia el sur, hasta Los Angeles y de ahí cruzar el continente a Nueva Orleans. En Nueva Orleans Elena pagó el pasaje en un barco a Vicksburg, Misisipí y visitó a su hijo Edson en su barco el "Morning Star". Elena quedó varios días con Edson y predicó en las reuniones que Edson dirigía con los afro-americano.

En Chicago Elena visitó las clínicas e instituciones que el Doctor Kellogg fundó en esa ciudad. Chicago tenía una gran población de inmigrantes y obreros que trabajaban para el ferrocarril y los mataderos de ganado. La pobreza abundaba. El alcoholismo y la prostitución florecía. Por muchas décadas Elena había insistido que la Iglesia debía trabajar más enérgeticamente para los pobres en las ciudades grandes de la nación. Elena había escrito y aconsejado en favor de este tipo de trabajo por muchos años.

Elena apoyaba el trabajo que Kellogg hacía con los pobres pero no estaba convencida que todos los recursos de la Iglesia debían dirigirse a ese campo exclusivamente. Kellogg deseaba construir grandes edificios en Chicago mientras que muchos otros campos, en la opinión de Elena, se abandonaban.

Al llegar a Battle Creek Elena recibió una cordial bienvenida de su amigo el Dr. John Harvey Kellogg. Él la llevó a su casa y le dio varios cuartos en el segundo piso de la casa para ella y sus ayudantes. Kellogg tenía una linda casa y siempre había abierto sus puertas a otras personas. En esa casa Kellogg había ayudado a criar a más de 30 huérfanos de todas las razas. Muchos de ellos llegaron a ser médicos y dirigentes en la iglesia, incluyendo cuatro niños mexicanos. Uno de ellos logró graduarse de médico gracias al apoyo de Kellogg.

Durante el siglo 19 la iglesia Adventista había crecido, no tan solo en el área de la obra médica sino también en otras áreas. La Review and Herald se había convertido en una empresa que no tan solo publicaba los libros de la Iglesia sino también realizaba trabajos de todo tipo para empresas no adventistas. Por ejemplo miles de catálogos para la tienda Montgomery Wards se publicaban en la Review and Herald. Además de la Review and Herald, varias otras casas de publicación que imprimían literatura Adventista, entre ellas las imprentas en Australia, Suiza, México, y California.

Igualmente en la obra educacional la Iglesia había crecido en forma impresionante. Cientos de escuelas elementales se encontraban en todos los rincones del planeta. Ya funcionaban más de media docena de colegios superiores. En los estados Unidos se habían establecido colegios en Michigan, Battle Creek College, uno en California, Pacific Union College, otro en Massachusetts, Atlantic Union College y existían planes para fundar otros en el sur de los Estados Unidos y en el estado de Washington.

Pero aún con el aumento de instituciones de educación Elena no estaba convencida con la calidad de esas instituciones. En Australia vio llegar a varios profesores entrenados en el Colegio de Battle Creek. Y en la opinión de Elena los maestros de Battle Creek dejaban mucho que desear.

Elena llegó al púlpito y lentamente, con una voz potente, comenzó a hablar. Tenía mucho en su corazón.

"¿Porqué, les pregunto, se le permite, a hombres que no se han dominado a si mismo, que tomen posiciones en la verdad y manejen asuntos sagrados?"

"Uno no tiene el derecho de manejar asuntos de Dios a menos que sea manejado bajo la dirección de Dios."

"Hombres que no han aprendido a someterse a la disciplina y el control de Dios no tienen la competencia para entrenar a nuestros jóvenes, o tratar con mentes humanas. Es imposible que ellos hagan este tipo de trabajo, es como pedirles que creen un mundo."

Elena habló por una hora. Vació su corazón.

"Que estos hombres se paren en un lugar sagrado, para ser la voz de Dios por el pueblo, como una vez creíamos que la Conferencia General lo era- eso ya pasó. Lo que queremos ahora es una reorganización, y edificar sobre un principio diferente...... "(MS 47, 1901)

Las palabras de Elena fueron fuertes y directas. En su opinión la Iglesia Adventista y sus dirigentes se habían desviado de la misión que Dios había dejado en sus manos. En vez de buscar el Reino de los Cielos ellos ocupaban su tiempo y energía en crear un imperio humano. El poder en la iglesia se había acumulado en unos pocos hombres y los campos que más ayuda necesitaban quedaban abandonados. Elena insistió que era tiempo de reorganizar la estructura de la Iglesia.

En unos pocos minutos, después que ella paró de hablar los delegados organizaron varios comites con el fin de reorganizar la Iglesia. Por varios días trabajaron en la consolidación de algunos departamentos que se habían independizado y la división de las iglesias en Asociaciones y Uniones. Hasta 1901 la Iglesia tenía varias organizaciones independientes, como la Escuela Sabática, o la Corporación de Temperancia. Bajo la nueva reorganización esas organizaciones llegaron a ser departamentos de las Conferencias y Uniones.

Cuando los asuntos de reorganización se finalizaron Elena dirigió su atención a Colegio de Battle Creek. Insistió que el colegio debía salir de la ciudad de Battle Creek y ubicarse en un local rural. La decisión se tomó inmediatamente y antes de comenzar el siguiente año escolar los directores encontraron un local en Berrien Springs, Michigan donde el Colegio de Battle Creek que cambio su nombre a Andrews University, se encuentra hoy.

Apesar de los cambios radicales que Elena instigó en 1901 no logró convencer a los dirigentes del Sanatorio de Battle Creek que busquen un local fuera de la ciudad. Kellogg no estaba convencido que ese era el mejor camino. En contraste en vez de mudarse y achicar su empresa, como aconsejaba Elena, Kellogg elaboró planes para agrandar y agregarle más cuartos al sanatorio. Apesar de la insistencia de Elena, Kellogg siguió con sus planes. Al año siguiente, en Febrero de

1902, El Sanatorio de Battle Creek, el edificio más grande y moderno de la Iglesia Adventista, se destruyó en un incendio. Y el mismo año, en diciembre de 1902 el edificio del la Review and Herald sufrió la misma desgracia.

En Santa Elena, California, con mucha tristeza Elena recibió la noticia de los dos incidentes. Después de escuchar las noticias de la destrucción de la Review and Herald ella tomó una lapicera y le escribió a su hijo Edson:

"Oh me siento tan triste porque......... el Señor ha permitido esto, porque su pueblo no ha escuchado su advertencia y no se ha arrepentido, o convertido para que Él los sane. Muchos han desperdiciado las palabras de advertencia. Oh cuán triste es esto........... Que Dios tenga misericordia sobre nosotros es mi oración. (Letter 214, 1902)

El palacio de la familia Vanderbuilt en Nueva York, costó 3 millones de dólares cuando lo construyeron en 1881

Capítulo 24

El Imperio del Dr. John Harvey Kellogg

En el otoño de 1903 Elena White, sentada en el cuarto de su casa en Elmshaven, California, tomó una revista y leyó una historia que dejó una impresión enorme en su mente. La historia le ayudó a Elena a formular una posición en torno a una tormenta que sacudía la comunidad Adventista. La tormenta había rugido por varias décadas en el seno de la administración de la Iglesia Adventista en Battle Creek y aparentemente estaba por explotar. Después de leer la historia Elena entendió los eventos que atormentaban la iglesia con más claridad.

Por meses Elena había trabajado en su hogar en California, con su equipo, editando proyectos y preparando trabajos que ella pensaba ayudarían a la iglesia. Elena trabajaba convencida que lo que ella y sus secretarias hacían ayudaría a los miembros de la comunidad Adventista a entender lo que estaba sucediendo en el mundo y en la iglesia. Publicar los testimonios que había recibido en los últimos meses y también, el libro, Ministerio de Salud, ayudaría a aliviar la tensión que estremecía la iglesia.

En ese afán Elena leyó la siguiente historia.

Un barco navegaba a través de una neblina espesa en alta mar. En un instante uno de los marineros gritó, "Montaña de hielo a la vista". Como una torre gigantesca acercándose al barco flotaba una tremenda montaña de hielo. Una voz potente y llena de autoridad gritó;

"¡Enfréntalo!"

No hubo ni un momento de titubeo. Era tiempo de tomar acción. El ingeniero dio toda fuerza los motores y dirigió el barco directamente a la montaña de hielo. Con un tremendo choque el barco tronó contra el hielo. Con el impacto el hielo se destrozó en muchos pedazos. Muchos de los trozos cayeron con el ruido de un relámpago sobre el barco. Los pasajeros quedaron violentamente sacudidos por la fuerza del choque, pero nadie perdió su vida. El barco quedó dañado, pero tenía reparación, se estremeció pero siguió a su destino.

Esta historia ayudó a Elena a clarificar lo que sucedía en la iglesia Adventista. Ella llegó, con mucha tristeza, a la conclusión que el Dr. John Harvey Kellogg y su organización constituían la tremenda montaña de hielo. El barco era la Iglesia Adventista. Y si la iglesia iba a sobrevivir ante este tremendo desafío, la Iglesia tenía que encarar la oposición directamente.

El problema con el Dr. Kellogg había existido por varias décadas. Aún antes de la muerte de Jaime White el Doctor Kellogg tuvo fricciones con los dirigentes de la Iglesia. Elena le había escrito a Kellogg muchas cartas advirtiéndole de su actitud, y pidiéndole que sea prudente en las decisiones que tomaba.

El Dr. Kellogg deseaba edificar una de las mejores instituciones de salud en la nación. Kellogg vivía convencido que necesitaba más y más dinero para lograr sus objetivos. En contraste, Elena pensaba que el dinero se debía esparcir en una forma más sabia y que la Iglesia no debía dedicar todos sus fondos a una empresa. Generalmente los consejos y las advertencias de Elena White fueron aceptados por Kellogg. Pero en los primeros años del Siglo XX la tensión entre el liderazgo Adventista y Kellogg llegó a una guerra de palabras insoportable.

En cierta forma el Dr. Kellogg reflejaba el espíritu individualista que saturaba la nación entera en los primeros años del siglo XX. La idea que el individuo es motivado por la competencia y que todos los adelantos en la sociedad son el resultado de esa lucha habían saturado la literatura y el pensamiento de los norteamericanos en las últimas dos décadas del siglo XIX. Para los americanos la creación de grandes imperios personales, la conquista del oeste, la explosión industrial, la acumulación de riquezas, comprobaba que el espíritu individualista había triunfado en los Estados Unidos.

Cuando comenzó el siglo estas ideas aparecían en la literatura popular, los periódicos y revistas la apoyaban, se enseñaban en las escuelas primarias, secundarias, colegios y universidades. Para muchos estas actitudes reflejaban la característica suprema de los Estados Unidos de Norteamérica. Con el pasar de los años la tendencia individualista aparecía en todos los rincones de la sociedad.

Kellogg constituía un buen ejemplo de este espíritu. Él había estado creando su propio imperio por varias décadas reflejando los valores e intereses de la nación. Los impulsos Imperialistas de los Estados Unidos habían comenzado con los misioneros y marineros a mitad del siglo XIX. Impulsado por llevar el evangelio a tierras paganas los misioneros cristianos norteamericanos habían llegado a muchas tierras lejanas. Eventualmente los intereses religiosos se transformaron en intereses económicos que ayudaron a la nación a salir de su concha aislada he interesarse en tierras fuera de su territorio geográfico.

En 1872 los norteamericanos llegaron a las Islas Samoanas. En 1899 las islas cayeron en las manos de los Estados Unidos. Misioneros de la Nueva Inglaterra llegaron a Hawaii en 1820 y en 1893 el gobierno Americano financió una revuelta para quitarle a la Reina Lilioukalani su trono. A fines de siglo 19 el Presidente Mckinley, inspirado por los sentimientos populares, declaró la guerra contra España, y logró posesionarse de Cuba, Puerto Rico, y las Filipinas.

A principios del Siglo XX, el presidente Theador Roosevelt, molesto porque los Colombianos no querían venderle un pedazo de terreno para que los Estados Unidos pueda construir un canal en territorio Colombiano, instigó una revuelta que resultó en la creación de una nueva nación, Panamá. El primer acto de los padres de la nueva nación fue firmar un tratado con los Estados Unidos dándole derecho que construyan su canal, el Canal de Panamá.

Mientras que la nación desarrollaba su imperio mundial miles de norteamericanos creaban sus imperios personales. En 1892 el periódico, New York Tribune reportó que en los Estados Unidos vivían 4,047 millonarios. Para 1900 vivían 67 millonarios, solamente en la ciudad de Pittsburg. En la ciudad de Cleveland los 63 millonarios controlaban mas de $300,000,000. En tres aldeas en el estado de Nueva York 60 millonarios controlaban más de $500,000,000. Para esa fecha 250,000 personas es decir 0.35% de la población controlaban el 75% de las riquezas de la nación.

Muchos de estos hombres poderosos habían llegado enfermos al Sanatorio de Battle Creek y ahí iniciaron amistad con el Dr. Kellogg. Sin duda la influencia de los pacientes ricos de Kellogg y el ejemplo que la nación elaboraba dejaron su marca en el Doctor. Igual como la nación que se estaba convirtiéndo en una potencia mundial, John Harvey Kellogg había estado creando su propio imperio.

Aunque Elena le había escrito repetidas veces, Kellogg no podía parar de expandir sus intereses. Después que se quemó el Sanatorio en Battle Creek, Kellogg no pudo aceptar la idea de Elena de no reconstruir en el mismo lugar. Ella pensaba que el Sanatorio de Battle Creek debía ubicarse en otro lugar y no debía ser tan grande. Pero apesar de los consejos de Elena, Kellogg trabajó incansablemente para edificar un nuevo edificio y continuar con sus planes.

Kellogg tuvo que pedir mucho dinero prestado para poder edificar. Y al tratar de recaudar esos fondos el dilema entre Kellogg y la Iglesia Adventista tomó un paso aún más acelerado.

Kellogg había escrito un libro y quería el apoyo de la Iglesia para venderlo y así recaudar los fondos necesarios para pagar la deuda. El libro, titulado, El Templo Viviente, tenía el apoyo de muchos pastores de la Iglesia Adventista y empleados del Sanatorio. Muchos opinaban que las ideas que Kellogg, elaboraba en el libro, eran ideas que la iglesia necesitaba para reformar y tomar nuevo vigor.

Sin embargo el Presidente de la Conferencia General, El Pastor Daniels, al leer varios capítulos del libro, antes de la fecha de publicación, llegó a la convicción que el libro exponía ideas panteistas. Enseñaba que Dios estaba en todas las cosas vivientes; animales, plantas, etc. y que el cuerpo humano también tenía el poder divino. Aunque Daniels concordaba con muchas de las ideas en el libro, él no se sintió tranquilo con algunas de las ideas que Kellogg exponía en la obra y por lo tanto llevó el asunto a varios comités.

Ya estos dos hombres habían tenido sus confrontaciones sobre el uso del dinero de la Iglesia. En Inglaterra, un tiempo antes, Daniels tomó la posición que la Iglesia no debía incurrir deudas. Y si se realizaba un proyecto era necesario que ese proyecto tenga el dinero en efectivo antes de comenzar. En contraste Kellogg había encontrado una propiedad en Londres en la cual él quería edificar un sanatorio usando dinero prestado. En esa ocasión Daniels le dijo a Kellogg que él se cometía a no apoyar la tradición de hacer todo con préstamos. Enojado Kellogg le contestó;

"La hermana White se daría vuelta en el polvo si escuchara tal posición."

Después de un debate prolongado Kellogg le dijo a Daniels;

"Bueno señor, jamás trabajaré con Ud. y esta idea de pagar al contado. Nos veremos en América. ¡Buenos días!" (MS 123 p102)

En el Concilio Otoñal de la Conferencia General de 1902 el conflicto continuó cuando el Doctor Kellogg trató de conseguir la aprobación de los líderes de la Iglesia para la publicación de su libro. En una presentación a todos los delegados Kellogg atacó a los dirigentes de la Iglesia tratando de justificar la publicación del libro. Acusó a los administradores de estar contra la obra médica de la denominación. Uno de los delegados lo interrumpió y pidió que el Dr. Kellogg le ponga fin a su presentación si se iba a dedicar a difamar a los fundadores de la iglesia. Eventualmente la reunión terminó sin la aprobación que Kellogg buscaba para su libro.

Indignado con los resultados de la reunión, usando su propio dinero, Kellogg mandó a imprimir 5,000 ejemplares de su obra en la "Review and Herald". Aproximadamente un mes después que Kellogg mandó a imprimir su libro, el edificio de la Review and Herald se quemó y en el fuego las placas que se habían preparado para imprimir el libro.

Pero ahí no murió el asunto. Kellogg insistió con su proyecto y mandó a imprimir 3,000 copias del libro que comenzaron a circular entre pastores y miembros de la Iglesia Adventista en Norteamérica. A medida que la crisis aumentaba Elena recibía noticias y cartas de los dos bandos tratando de obtener su apoyo. Hasta este punto Elena no se había dado el tiempo para leer el libro. Una tarde, en el otoño de 1903, por insistencia de su hijo Willie ella tomó el volumen y comenzó a leerlo.

En el Concilio Otoñal de 1903, en las nuevas oficinas de la Conferencia General en Washington D.C., el libro apareció una vez más. Aunque el asunto del libro de Kellogg no estaba en la agenda, Daniels el presidente, decidió dedicar un día entero para discutir las ideas del libro. Después de un largo debate aparentemente nada se había resuelto. Los seguidores de Kellogg seguían firme en favor del libro, igualmente que los seguidores de Daniels en contra.

Después de la reunión el Dr. David Paulson, uno de los discípulos de Kellogg, tratando de convencer al Pastor Daniels que el debía apoyar las ideas de Kellogg dijo;

“Tú estas cometiendo el error de tu vida.

Después de todo este alboroto, uno de estos días te vas a levantar envuelto en el polvo, y otro estará dirigiendo las fuerzas.”(A. G. Daniels, The Abiding Gift of Prophecy, pp 336,337)

El presidente Daniels soportó tensión creada por este conflicto por varios años y parecía que él ya no podía seguir. La presión, las insinuaciones, la falta de unión y harmonía, lo hicieron dudar de su liderazgo. Cuando llegó a casa esa noche desanimado, cansado, y con deseos de tirar la toalla, un grupo de personas lo encontraron en la puerta. Uno de ellos exclamó;

“Ha llegado la liberación. Aquí tienes dos mensajes de Elena White.”

Las dos cartas de Elena fueron como una brisa refrescante en un día húmedo y caluroso para Daniels. Refiriéndose al libro de Kellogg Elena le había escrito a Daniels

“En este libro hay declaraciones que aún el autor no comprende. Muchas cosas se dicen en una forma vaga y sin definición. Se hacen declaraciones en una forma que nada es seguro.........” (Letter 211, 1903)

Las dos cartas de Elena White tranquilizaron a Daniels. El siguiente día, cuando Daniels se paró en frente del Concilio Otoñal, anunció que él recibió dos cartas de Elena White que hablaban de las ideas en el Libro de Kellogg. Todos los presentes estaban ansiosos en escuchar lo que ella tenía que decir sobre el asunto. Existió un silencio absoluto mientras que Daniels leyó las dos cartas de Elena White referentes a la obra de Kellogg.

Cuando Daniels terminó de leer las cartas uno de los ministros presentes se paró y declaró que sentía en su corazón que él debía pedir a todos los que deseaban tomar una posición firme apoyando a Elena

G. de White en esta gran batalla, que por favor se pongan de pie. Casi todos los presentes se pararon.

Aunque el debate sobre el libro de Kellogg llegó a su fin en esa reunión, el conflicto entre Kellogg y la Iglesia aún no había terminado. Daniels y sus seguidores ganaron una batalla pero la guerra siguió rugiendo. Kellogg, enfurecido con lo que él veía como falta de apoyo de la Iglesia Adventista inició otro proyecto que prolongó la tensión. Ya para fines de 1903 Kellogg había declarado abiertamente que él quería que el Sanatorio de Battle Creek sea una institución interdenominacional, sin afiliación directa con la Iglesia Adventista. Kellogg también deseaba fundar una Universidad Médica en Battle Creek.

Kellogg no había estado de acuerdo cuando los oficiales de la Conferencia General votaron, bajo el consejo de Elena G. De White, trasladar el colegio a Berrien Springs, Michigan. Su reacción fue fundar otra universidad en Battle Creek para entrenar a médicos, enfermeras, y personas que trabajen en los sanatorios que Kellogg controlaba.

En Mayo de 1904 los dirigentes de la Iglesia tuvieron otra reunión en Berrien Springs, Michigan y ahí surgieron una vez más las ideas panteistas de Kellogg. Kellogg y sus discípulos estaban presentes y trataron de influenciar la sesión. Daniels trató de neutralizar la influencia de Kellogg, pero en una de las reuniones el debate se intensificó y reinó la confusión. Aún para esta fecha Elena mantenía una posición neutral.

Ella sabía que Kellogg ya había estado diciendo públicamente que no se podía confiar en los testimonios de Elena G. De White porque lo que ella escribía era manipulado por su hijo Willie y los dirigentes de la Conferencia General. Kellogg no ponía en duda lo que

Elena decía sino el hecho que no siempre se revelaba al público su mensaje. Apesar de esta situación, Elena siguió tratando de mantener a Kellogg dentro del seno de la Iglesia.

Pero los esfuerzos en tratar de rescatar al Doctor Kellogg no tuvieron éxito. Y en la última sesión de la Conferencia General en Mayo de 1905 Elena White dijo públicamente, en referencia a Kellogg;

"....no debemos tratarlo como un hombre guiado por el Señor...." (MS 70 1905)

El 10 de Noviembre de 1907 la Iglesia de Battle Creek, con 350 miembros presentes, expulsó a Dr. John Harvey Kellogg quitándole su membresia en la iglesia. Las razones que se dieron fueron; que no había asistido a las reuniones de la iglesia por varios años, que no pagaba diezmos, y que se había aliado con personas que querían destruir el trabajo al cual la Iglesia Adventista se dedicaba.

Al recibir noticias de la reunión el Dr. Kellogg no expresó discordia alguna con la decisión. Pero insistió que él seguía creyendo en todas las doctrinas de la Iglesia Adventista.

Con el tiempo se descubrió que Kellogg ya no compartía con las ideas de la Iglesia. No creía en ciertas partes de la Biblia, como la historia de Jonás, y Job. No aceptaba la virginidad de María o la divinidad de Jesús.

Capítulo 25

La Loma Linda

Cuando el tren paró en la estación de Los Angeles, California, el 4 de Mayo de1905, una delegación de hombres vestidos de negro, corbatas, y barbas abordó el coche de pasajeros en busca de Elena G. de White. A la delantera de los hombres caminaba el pastor Juan A. Burden el Director del Sanatorio de los Adventistas en Glendale, California. Burden y los hombres buscaban a Elena que viajaba a las reuniones de la Conferencia General en Washington D.C. Caminaban con prisa concientes del hecho que el tren, que había llegado del norte de California, estaría en la estación por solamente unos pocos minutos.

Burden y sus compañeros deseaban reportar lo que ellos habían descubierto en relación a la petición de Elena. Burden había recibido repetidas cartas de

Elena, desde el comienzo del año, insistiendo en el asunto. Después de meses de búsqueda él pensaba tener buenas nuevas para Elena.

La delegación encontró a Elena sentada en un asiento al lado de una ventana.

En 1902 Elena había escrito, de su casa en Elmhaven, que varias propiedades en el sur de California se venderían a precios muy baratos y que los dirigentes de la Iglesia debían prepararse para comprarlas. Elena insistía que la iglesia necesitaba aún otro sanatorio en el sur de California. Ella argumentaba que miles de personas llegarían a esta parte del estado y que los Adventistas debían tener instituciones para servir a esa población.

Aunque la Iglesia ya operaba 26 sanatorios y salas de tratamiento en los Estados Unidos Elena le recalcó a los lideres de la Iglesia que era importante tener instituciones adicionales en esta parte de la nación.

El consejo de Elena impulsó a los dirigentes de la Iglesia a comprar el Hospital de Paradise Valley, cerca de San Diego California por $4,000 en 1904. Originalmente los dueños de ese edificio le ofrecieron la instalación a la Iglesia por $12,000. Ese mismo año los dirigentes de la Iglesia compraron un hotel en Glendale, California que representaba una inversión de $50,000. Los dueños pedían $24,000. Eventualmente la Iglesia compró el hotel por $12,000. Estos gastos, aunque representaban una tremenda oferta, como lo habían predicho Elena, consistía en mucho dinero para la feligresía de la Iglesia en la Conferencia del Sur de California.

Aún después que la Conferencia del Sur de California compró estas dos propiedades para los sanatorios Elena seguía insistiendo que debían comprar un tercer local. En 1905 Elena le dijo a Burden que él debía buscar por un local entre las ciudades de Redlands y Riverside, California. En marzo Burden encontró una propiedad de 26 acres.

Abandonada, la propiedad lucía varios edificios y facilidades. Un grupo de inversionistas había comprado la propiedad en los 1880. Pero la inversión no les dio fruto y un grupo de ochenta médicos y cuarenta hombres de negocios de Los Angeles compraron la propiedad para fundar un centro de rehabilitación. Este grupo le dio, a la propiedad, el nombre de Loma Linda.

Pero la empresa de estos médicos y negociantes eventualmente fracasó y los inversionistas demandaban que se les devuelva el dinero.

Cuando Juan Burden vio la propiedad por primera vez en 1905 el lugar estaba abandonado. Un hombre vivía ahí para cuidar los edificios y las herramientas. Los doctores habían invertido más de $155,000 para remodelar los edificios. El edificio central tenía 46 cuartos con calefacción y luz eléctrica. La propiedad tenía unos diez acres de naranjos, 15 acres de alfalfa, y ocho acres con árboles de chabacanos, ciruelas, y almendras.

Además de los árboles frutales la propiedad tenía 4 vacas, 5 caballos, 150 gallinas, 35 pavos, puercos, y muchas herramientas de granja. Agua fresca de las montañas llegaba a todos los edificios y una vertiente subterránea podía proveer agua en caso de sequías.

Cuando Burden vio la propiedad descubrió que los dueños querían $155,000, ellos deseaban por lo menos sacar lo que habían invertido. Alguien le dijo a Burden que si ofrecía $110,000.00 a lo mejor los dueños tendrían interés. Burden viajó a casa convencido que sería imposible, para los miembros de la Iglesia

Adventista en el sur de California pensar en comprar la Loma Linda, especialmente al estar pagando dos otras propiedades.

Burden se sentó, en el tren, al lado de Elena mientras que los otros compañeros comenzaron a saludarse. Burden describió todos los detalles de la propiedad, terminó con la realidad que aunque el preció estaba muy bajo, para la Conferencia del Sur de California era como si fuera millones y millones de dólares.

Después de reportarse con Elena, convencido que ese sería el fin del asunto Burden quedó sorprendido con la reacción de Elena, la anciana de 77 años de edad. El precio de la propiedad y la condición financiera de la conferencia pareció no tener impacto sobre ella. Ella le dijo a Burden que vuelva a negociar con los dueños de la propiedad con el fin de bajar el preció. Burden quería objetar pero le era difícil decirle no a Elena.

El conductor anunció que el tren estaba por salir forzando a Burden y a sus compañeros despedirse rápidamente de la delegación. Burden que tenía mucho respeto por Elena prometió seguir con el asunto pero el salió convencido que no tendría fruto. Burden saltó del tren y con la mano en alto se despidió de sus amigos que viajaban hacía el este. Elena sonrió de la ventana.

Una hora más tarde, cuando el tren se acercó a Redlands, ella miró por la ventana y trató de imaginarse donde podría estar la Loma Linda. Elena viajaba convencida que ese local que ella nunca había visitado, y que ni estaba en las manos de la Iglesia no tan solo sería un centro importante de sanamiento físico sino también se convertiría en una escuela para entrenar a misioneros médicos.

Aparentemente Elena ya había aceptado la triste realidad que John Harvey Kellogg no trabajaba bajo los principios que guiaba a la Iglesia Adventista. Por eso ella insistió con Burden que vuelva a Loma Linda una vez más para ver si se podía negociar algún acuerdo.

Burden volvió, sin muchas ilusiones a negociar. En esta ocasión logró que los dueños bajen el precio a $85,000. Burden se reportó, vía carta, una vez más con Elena convencido que nada había cambiado. Sería imposible para la iglesia pensar en algo tan caro, aunque ya se había reducido la propiedad casi un 50% del precio original.

Pero Elena tenía una determinación potente que no se daba por rendida fácilmente. Otros veían una propiedad muy cara fuera del alcance de la Iglesia Adventista, Elena veía la gran necesidad de un colegio para entrenar a médicos-misioneros. Ella sentía que el colegio que Kellogg deseaba fundar en Battle Creek no sería lo que la Iglesia necesitaba. En la siguiente carta Elena le pidió a Burden que vuelva una vez más a hablar con los dueños de la propiedad.

La última oferta que Burden recibió era de $40,000. Burden logró fijar los siguientes pagos. La Iglesia daría $5,000 de pago inicial y cada mes por tres meses $5,000.00 más. Y el último pago sería al final del tres años cuando se pagaría $20,000. El Pastor Burden dio $1,000 de su propio dinero para asegurar la venta y en unas pocas semanas gracias a la insistencia de Elena y a pesar de la duda de muchos de los dirigentes de la Asociación General, la propiedad se compró y el 5 de noviembre de 1905 el Sanatorio y la Escuela de Enfermería de Loma Linda, abrieron sus puertas.

Pero aún Elena no vivía satisfecha. Ella no quería otro sanatorio solamente. Para Elena Loma Linda tenía que ser un centro educativo de alta calidad. Una escuela donde se entrenaría misioneros médicos evangelistas. Totalmente desilusionada con la dirección que Juan Harvey Kellogg tomó en Battle Creek, Elena deseaba una escuela donde se pueda entrenar a hombres y mujeres con el conocimiento más actualizado en la medicina. Pero aún más importante que la preparación, ella deseaba que estos hombres y mujeres salgan con la dedicación de entregar su vida para proclamar el evangelio a todos los rincones del mundo.

La insistencia de Elena llevó a los lideres de la institución a abrir, en Septiembre de 1906, el Colegio de Evangelistas de Loma Linda. En los primeros meses y años de la institución, los maestros tuvieron una serie de debates sobre la naturaleza de lo que se enseñaría en el nuevo colegio. Algunos maestros creían que no era necesario tratar de obtener acreditación del estado para el colegio, mientras que otros pensaban que era indispensable hacerlo.

Recibir acreditación del estado demandaba equipo y condiciones que traerían con ello un gasto muy elevado a la institución. Por lo tanto muchos de los maestros pensaba que todo ese gasto no era necesario. Mientras que el otro bando insistía que si los médicos entrenados en esa institución no recibían el mejor entrenamiento ellos no lograrían hacer un buen trabajo en la sociedad. Algunos opinaban que los alumnos debían recibir tres años de entrenamiento en Loma Linda y salir de Loma Linda y terminar su preparación médica en una escuela no adventista. Por lo tanto la escuela en Loma Linda no tenía que ser una escuela de medicina.

Otra vez Elena tuvo que intervenir insistiendo que Loma Linda debía ser una escuela Adventista de medicina de la más alta categoría. Como resultado de esta intervención en Diciembre de 1909 el nombre de la escuela se cambió a Colegio de Médicos Evangelistas de Loma Linda. El estado de California autorizó que la nueva institución otorgue títulos a nivel universitario en las disciplinas de la ciencias, odontología y medicina.

Aún después de esta acción muchos maestros y miembros de la Iglesia pensaban que no era necesario que los alumnos tomen el examen del estado para recibir su licencia y practicar medicina. Esto, en la opinión de ellos, implicaría gastos enormes que dejarían a la iglesia en una situación de crisis económica. En la opinión de este bando no existían los fondos para equipar una escuela de medicina.

Con estas incógnitas se le escribió a Elena una vez más preguntándole que paso debían tomar. En enero de 1910 ella recibió la carta que preguntaba, ¿.....debemos establecer una escuela totalmente equipada, cuyos graduados puedan tomar los exámenes del estado para ser médicos certificados?

La respuesta de Elena fue clara y sin titubeo. Ella escribió que la iglesia debe proveer lo esencial para que nuestros jóvenes sean médicos que puedan tomar cualquier examen que demuestre que ellos están preparados. La escuela en Loma Linda, escribió Elena, "Debe ser de la más alta categoría". Elena insistió que la iglesia debe enseñar todas las materias que se requiere por el estado para que los jóvenes estén preparados y puedan desempeñar sus tareas como médicos profesionales.

La visión de Elena era establecer una escuela que recibía a todos los jóvenes Adventistas que deseaban estudiar medicina. En forma especial ella deseaba que las mujeres también tengan oportunidad de estudiar medicina. Es bueno recordar que Elena insistió en esto en 1910 cuando la Asociación Médica de América no permitía que mujeres pertenezcan a su asociación y argumentaba que la mujer no tenía el

244 cerebro para estudiar materias tan difíciles.

Capítulo 26

Elena y las Ciudades

La luz del sol brillaba por las ventanas y las cortinas del cuarto iluminando las hojas donde Elena escribía. Alguien tocó en la puerta. Elena continuó escribiendo. Ahí, sentada en el escritorio que ella usaba todos los días, Elena había escrito cientos y cientos de páginas. Su cuarto estaba al lado de un balcón que le permitía salir y tomar aire fresco cuando se cansaba. Con ánimo y una actitud alegre Elena bajaba todos los días. Subía la escalera, pero con más de ochenta años de edad se le estaba haciendo más y más difícil transitar de un piso al otro.

En la puerta de la casa de Elmshaven en Santa Elena, California, El Pastor Daniels, presidente de la Asociación General, de barba, vestido de negro, tocaba.

Entusiasmado y alegre de poder llegar a esa casa con noticias buenas, el visitante, esperó que alguien le abra la puerta.

Daniels rebozada con las noticias que él esperaba traerían alegría a Elena G. de White. Él había organizado unas reuniones en la ciudad de Nueva York para la semana del 7 al 11 de Julio de1911. Las reuniones discutirían el asunto de hacer evangelismo en las ciudades grandes de la nación. Él sabía que la indiferencia que los dirigentes de la iglesia habían mostrado hacia el evangelismo en las ciudades grandes de la nación tenía a Elena muy triste. Y Daniels pensaba que al llegar, a Santa Elena, con esas noticias Elena se alegraría.

El Pastor Daniels había escuchado atentamente la apelación que Elena hizo en la última reunión de la Conferencia General el verano anterior, en Junio de 1909. El viernes de mañana, el 11 de Junio, Elena llegó caminado lentamente a la reunión del comité de la Asociación General. Aunque avanzada en edad Elena caminaba derecha e impresionaba con su presencia. El vestido largo, y el hecho que ella era la única mujer en la reunión la hacían resaltar aún mas. Con todos los presidentes de las asociaciones presentes Elena declaró;

"Cuando pienso de las muchas ciudades que no han sido amonestadas, no puedo descansar. Es alarmante pensar que han sido abandonadas por tanto tiempo. Por muchos años las ciudades de los Estados Unidos, incluyendo las ciudades del sur de la nación, han sido presentadas ante nuestro pueblo como lugares que necesitan atención especial. Pocos han tomado la carga de trabajar las ciudades; en comparación a las grandes necesidades y las muchas oportunidades, poco se ha hecho."

En los cuarenta años, antes de que Elena hizo esa declaración, las ciudades de los Estados Unidos se habían multiplicado en forma sorprendente. En 1870 solamente existían 14 ciudades en la nación con mas de 100,000 habitantes. Para fin de siglo, 1900, esa cantidad casi se triplicó más de 38 ciudades sobrepasaban 1.000.000 de habitantes. En 1880 75% de los estadounidenses, más de 40 millones, vivían en el campo o en aldeas con menos de 4,000 habitantes. Solo en unos pocos estados, Massachusetts, Rhode Island, Connecticut, Nueva York y Nueva Jersey, los habitantes de la ciudades eran más que los habitantes del campo.

Las ciudades crecieron, especialmente, con la llegada de miles y miles de inmigrantes. En 1901 entraron a los Estados Unidos 487.918 inmigrantes. Después de esa fecha la cantidad que llegaba anualmente comenzó a aumentar hasta que para 1905 el número de inmigrantes pasó 1.000.000. Entre 1900 a1910 más de 8,000,000 de inmigrantes llegaron a los Estados Unidos. En 1910, 22.686.204, de los 76.000.000 de habitantes en los Estados Unidos tenían padres que eran extranjeros. En su mayoría estos inmigrantes que llegaron en esos años venían del sur de Europa. Por ejemplo en 1912 llegaron 26.000 Italianos del norte de Italia y 136.000 Italianos del sur de Italia, en su mayoría campesinos de las provincias más pobres.

En 1890 el número de personas extranjeras en la ciudad de Chicago era más grande que la población de Chicago había sido en 1880. Una de las ciudades más grandes en el mundo con población alemana era la ciudad de Chicago. Solamente existían dos ciudades en el mundo con más suecos que la ciudad de Chicago, Estockholmo y Gotenborg. Lo mismo ocurría con la población Noruega. Pero los inmigrantes que mejor se adaptaban la las ciudades grandes en esta época eran los irlandeses, rusos, polacos e italianos.

La gente pobre llegaba por miles a los Estados Unidos y la gran mayoría de ellos a las ciudades. Además de ser pobres estos hombres, mujeres y niños se sentían como extranjeros en su nueva patria. No hablaban inglés, trabajaban por sueldos bajos, vivían en las casas más deterioradas de las ciudades, eran explotados por los dueños de viviendas, de fabricas, la policía, los oficiales gubernamentales y los hijos de los inmigrantes recibían la peor educación que la nación otorgaba. Con estas comunidades Elena insistía que la Iglesia Adventista tenía un deber moral.

Elena continuó con su presentación a los dirigentes de la Conferencia General.

"¿Dónde está la fe de Uds. hermanos? ¿Dónde están los obreros?"

"En muchas de la grandes ciudades el Mensaje del Primer y Segundo ángel fueron proclamados con el movimiento de 1844. A Uds., como los siervos de Dios se les ha encomendado el Mensaje del Tercer Ángel, el mensaje de culminación, que ha de preparar a nuestro pueblo para la llegada de nuestro Rey." (Review and Herald Nov 25, 1909)

Esas palabras quedaron gravadas en la mente del Pastor Daniels. Y ahí, esperando en la puerta de la casa de Elena White, él pensaba traer buenas noticias. Daniels había llegado a unas reuniones en Oakland, pero antes de volver a Washington quería informar personalmente a Elena, lo que la Asociación General planeaba hacer. Tocó la puerta una vez más.

Por muchos años Elena insistió que la Iglesia adventista debía tomar un papel mucho más activo en trabajar las ciudades grandes. Ella había escrito un

Testimonio en 1885 a un presidente de una asociación que deseaba abandonar la misión urbana en una de las ciudades de su distrito; "La gran ciudad está en la oscuridad y el error, y nosotros la hemos abandonado por mucho tiempo. ¿Perdonará Dios nuestra negligencia? ¿Qué cuenta daremos de los hombres y mujeres que han muerto sin escuchar el sonido de la verdad presente?"(Testimonies for the Church vol V p.369)

Elena jugó un papel central en fundar y animar la creación de misiones urbanas de la Iglesia Adventista en los barrios pobres de las grandes ciudades de la nación. La misión urbana consistía de un equipo de unas cinco a ocho personas. Generalmente el equipo consistía de un pastor, una enfermera o doctor, una maestra, un colportor, y una obrera u obrero Bíblico. Ese equipo llegaba al centro de una ciudad, alquilaba un local, y comenzaba a trabajar. Ofrecían servicios médico, alimentaban a los pobres, ayudaban a rescatar a las prostitutas del estilo de vida que vivían, creaban trabajos para los que no tenían empleo, vendían literatura, conducían servicios religiosos todos los días. Algunas misiones operaban restaurantes vegetarianos con el objetivo de enseñar a los clientes principios de salud.

Todas las actividades de la misión urbana mantenían un blanco en mente, introducir a sus clientes a Cristo. La idea central de todas las misiones sostenía que los servicios de la misión podían aliviar problemas temporales pero el verdadero problema, la fuente de todos los problemas tenían solución solamente en Cristo. Con esa idea en mente los Adventistas iniciaron misiones urbanas en casi todas las ciudades grandes de la nación. Por ejemplo, la obra de la Iglesia Adventista en México comenzó con una misión urbana en la ciudad de Guadalajara, en 1892.

En 1911, cuando el Pastor Daniels llegó a la casa de Elena la Iglesia Adventista había estado creciendo en forma sistemática desde su organización en 1863 cuando fundó la primera asociación. En 1910 existían 23 Uniones y 106 asociaciones en todos los rincones del planeta. La Conferencia General apoyaba a 2,769 iglesia organizadas y 669 pequeñas compañías. La Iglesia Adventista tenía una membresía de 90,808 miembros. Además del crecimiento de la Iglesia también muchas de sus intituciones habían aumentado.

En 1910 la iglesia operaba 594 escuelas primarias y empleaba 758 maestros. A esas escuelas asistían 13,357 alumnos. Las escuelas secundarias y colegios superiores de la Iglesia Adventista, 86 de ellos, empleaban a 561 maestros y enseñaban a 7,169 alumnos.

En el área de publicaciones la iglesia Adventista operaba 28 casas de publicaciones y editaba 126 periódicos en diferentes idiomas. En ese año, 1910, las ventas de libros escritos y editados por las casas editoriales sobre pasaban un millón de dólares.

Apesar de los problemas que surgieron con el Dr. Kellogg en la primera década del siglo 20 la Iglesia Adventista seguía operando 74 sanatorios. En 1910 esas instituciones recibieron 33,127 pacientes. Habían 116 doctores que manejaban esas instituciones y 1,109 enfermeras empleadas en ellas.

Pero apesar del éxito que la Iglesia tenía con sus escuelas, casas editoriales, y sanatorios Elena no vivía satisfecha con lo que la iglesia estaba haciendo en las ciudades. Las misiones urbanas que la Iglesia Adventista había operado por más de treinta años estaban lentamente desapareciendo. En 1887 la Iglesia operaba 34 misiones urbanas. La mayoría de ellas ubicadas en los Estados Unidos, aunque varias operaban en otras partes del globo. Pero para 1910 el interés y la energía que la organización Adventista tenía hacia las ciudades grandes había disminuido notablemente y esto le preocupaba a Elena.

Una década antes, después de volver de Australia, uno de los primeros viajes que Elena realizó la llevo a la ciudad de Nueva York, el invierno de 1901. Elena y sus ayudantes visitaron la ciudad de Nueva York porque habían recibido noticias que el trabajo en esa ciudad pasaba por una gran crisis. Ella llegó a Nueva York con el propósito de pacificar el conflicto entre el Pastor Haskell y el Pastor Franke. Los dos tenían un tremendo deseo de esparcir el evangelio en las grandes ciudades de la nación, pero cada uno tenía su propio estilo de como realizar su tarea. Y en vez de ayudarse, el uno al otro, se encontraron en conflicto sobre el territorio y el método de evangelizar en la ciudad. Para resolver del dilema Elena viajó a la ciudad de Nueva York con el objetivo de tratar de calmar los ánimos.

Elena, al llegar el lunes 11 de Noviembre de 1901, visitó el edificio ubicado en el sexto piso de 400 West 57th Street donde el Pastor Haskell operaba la misión urbana de Nueva York. Ella organizó conferencias privadas con los dos evangelistas. Y aparentemente trajo paz a la situación.

El miércoles, antes de volver a California, ella decidió visitar el restaurante vegetariano operado por la familia Rasmussen en la ciudad de Brooklyn, al otro lado del río. Una tía de la familia, que esperaba la llegada de Elena, estuvo preparando a los niños del hogar para que se comporten bien en la presencia de la "profetiza" (Elena nunca acepto ese título, y no le gustoba que le digan profeta). La tía de la familia Rasmussen le había dicho a los niños que la "profetiza" enseñaba que los niños no debían jugar con juguetes, no debían reírse, y siempre debían comportarse en una forma muy sería.

Los niños se quedaron con la boca abierta cuando Elena White los saludo con una gran sonrisa y le dijo a su hijo;

"¿Willie dónde están esas cosas que trajimos para los niños?"

Willie le entregó a la mamá dos paquetes. Ella tomó los paquetes y se los entregó a los dos niños. Observó como los niños abrieron los regalos y quedaron encantados con lo que recibieron. Cada uno recibió un trencito. Durante el transcurso de la comida Willie White contó varias historias de humor. Inicialmente los niños tuvieron miedo de reír, por lo que la tía les había dicho, pero cuando vieron a Elena sonriendo ellos también comenzaron a participar, y carcajadas llenaron el cuarto. Elena quedó encantada con los niños y especialmente con el trabajo que la familia Rassmussen realizaba en su restaurante vegetariano en la ciudad de Brooklyn, Nueva York

Cuando la secretaria de Elena abrió la puerta, El pastor Daniels le explicó que él deseaba hablar con Elena G. de White. La secretaria subió al segundo piso a contarle a Elena de la visita que había llegado. Unos instantes pasaron. Eventualmente la secretaria de Elena bajó por las escaleras con un mensaje de Elena.

"La Hermana White dice, mientras que el Presidente de la Asociación General no tome la decisión de trabajar las ciudades grandes de la nación ella no desea verlo."

El Pastor Daniels tuvo que irse de Elmshaven sin ver a Elena. Empezó a darse cuenta que aún el proyecto que deseaba realizar en el verano de ese año no era suficiente. Mientras que viajaba a Washington D.C., Daniels escribió la siguiente carta a Elena.

"Lamento no poder haber hablado con Ud. cuando estaba en Santa Elena, en relación al trabajo en las ciudades. Quería decirle que yo espero tomar bajo mi control este trabajo con todo corazón...... yo me he sentido preocupado de esto por varios meses, y ahora pienso tomar control de este trabajo personalmente. Estoy dispuesto a gastar meses en un esfuerzo personal, si es necesario......... Por favor ore para que el Señor me de sabiduría para saber que hacer para realizar el llamado de las ciudades grandes en este tiempo. (AGD to EGW May 26, 1910)

El 15 de Junio 1910 Elena White le escribió a Daniels y a Prescott;

"Queridos Hermanos: Tengo un mensaje para Uds. Los que sirven en la causa del Señor necesitan ser hombres de oración, hombre que obedecen las instrucciones que el Señor les da en referencia a la ejecución de su trabajo."

"Estoy profundamente impresionada al darme cuenta que el tiempo esta pasando rápidamente. Cada obrero se debe convertir diariamente, y toda energía debe emplearse en hacer el trabajo en las ciudades grandes que ha sido misteriosamente abandonado."

"Los encomiendo que no se tarden en abrir los campos que necesitan atención, y que aún no se han tocado. Este es el trabajo de Uds. Existe una necesidad de una reforma en el trabajo que Dios les ha señalado a Uds. en abrir nuevos campos. Hay mucho que hacer en traer ante el mundo la luz y las verdades de la Biblia en su sencillez, y ambas necesitan ser revividas por la influencia del Espíritu Santo de Dios."(Letters 58, 1910)

Esta carta de Elena cubrió ocho páginas de consejos, amonestaciones, y apelaciones. El Pastor Daniels y Prescott concordaron que se debía hacer más en las ciudades. Sin embargo ellos vivían convencidos que las tareas administrativas que caían sobre sus hombros no les dejaba mucho tiempo para realizar lo que Elena White deseaba de ellos. Contestando esta posición ella declaró, "¿Para qué es el presidente de la Conferencia General sino para tomar la delantera?"(Arthur White, The Later Elshaven Years p. 226) Ella insistió en sus conversaciones con otros y en sus cartas al Presidente de la Conferencia General que él debía tomar una parte más activa en el trabajo en las ciudades.

El resultado final de esta situación fue que el comité de la Conferencia General votó darle al Pastor Daniels un año entero de tiempo libre, cancelando sus citas en "camp meetings" y un viaje a Australia. Durante ese año Daniells se dedicó a dar conferencias evangelistas en la ciudad de Nueva York. Cuando Daniells comenzó su trabajo en la ciudad de Nueva York Elena quedó satisfecha que el trabajo en las ciudades estaba en buenas manos y que pasos afirmativos se habían tomado.

Conclusión

El Fin

En el verano de 1915 la Primera Guerra Mundial, que estalló el año anterior, rugía furiosamente en Europa. Los Estados Unidos aún no había decidido involucrarse. El Presidente de la nación, Woodrow Wilson, trató por meses de mantenerse neutral y no tomar lados. Pero cuando los submarinos alemanes hundieron el barco inglés, La Lusitania que llevaba 128 pasajeros americanos, la opinión pública en los Estados Unidos contra los alemanes comenzó a tomar un tenor bélico.

Las voces periodísticas en favor de la guerra comenzaron a dominar la prensa nacional. El número de personas que opinaban que la nación debía mandar las tropas a Europa aumentó. Los cantos populares que los jóvenes cantaban en las calles de pueblos y ciudades comenzaron a tomar un espíritu de contienda. Los adolescentes miraban con admiración las fotos y los dibujos de hombres uniformados.

En ese año varias líderes femeninas fundaros el Partido de la Paz de la Mujer(Women's Peace Party) y animaron a miles de mujeres norteamericanas que se unan al partido. En casi todas las ciudades grandes las mujeres participaban en manifestaciones contra la guerra. El partido organizó grandes demostraciones en la cual cientos de mujeres marchaban por las calles cantando uno de los cantos más populares de la época, "Yo no Crié a mi Hijo para que Sea un Soldado".

Mientras que miles de mujeres marchaban por las calles, protestando y cantando, Elena White fallecía lentamente en su cama en su casa en Santa Elena, California. Unos meses antes, mientras que Elena caminaba de un cuarto a otro de la casa, ella perdió su balance y cayó al piso. Después del accidente la energía de Elena comenzó a desaparecer. Ya no podía trabajar como antes. Ya Elena no tenía el ánimo ni la energía para continuar con los muchos proyectos que aún no había terminado.

Ella quería escribir un libro sobre el trabajo o la falta de trabajo de la Iglesia Adventista entre los afroamericanos en los Estados Unidos y el papel que la iglesia Adventista debía jugar. Ella le había pedido al joven Crisler, uno de sus secretario que investigue sobre el tema y le acumule información. Crisler ya tenía más de diez años de cuadernos con información sobre el tema. Pero cuando Elena se cayó, y ya no podía escribir, esto comenzó a minar casi toda su energía.

Mientras que en las calles de la nación el movimiento femenino parecía aumentar con energía y vigor, la vida de Elena llegaba paulatinamente a su fin.

Aparentemente el estado de la mujer había

cambiado radicalmente durante la vida de Elena G. de White. Cuando ella nació en 1827 manifestaciones de ese tipo, organizada por mujeres con cientos de ellas marchando por las calles de la nación, eran inconcebibles. Pero 87 años más tarde aparentemente la mujer había encontrado el camino rumbo a la liberación.

Pero un vistazo cuidadoso revela que aún con todos los cambios el estado de la mujer en los Estados Unidos de Norteamérica no había cambiado mucho. En el verano de 1915 la mujer no podía votar en las elecciones locales, estatales, o nacionales. Los trabajos que la mujer obtenía pagaban los sueldos más bajos en la sociedad. Muy pocas mujeres se percibían como personas independientes que podían vivir sin el apoyo de un hombre. La mayoría de las organizaciones profesionales, como la Asociación Médica Americana (AMA, American Medical Asociation), no permitían que mujeres pertenezcan a ellas, con el argumento que solamente el hombre debía practicar la medicina. Era sumamente difícil que una mujer entre a una escuela de leyes. Las pocas que lograban obtener un título descubrían que era aún más difícil practicar su profesión.

Pero a pesar de los muchos obstáculos que todavía quedaban en el camino de la mujer en Norteamérica, en Julio de 1915 Elena G. de White podía decir "viví una vida llena y abundante." En una sociedad que todavía mantenía a la mujer bajo el yugo masculino ella logró vivir abundantemente, sin tener que depender de un hombre. En un mundo donde viajar era un lujo Elena logró viajar extensivamente viviendo en Europa dos años y en Australia nueve. En un mundo donde la mujer no era dueña de propiedades, ella logró comprar casas en Michigan, Colorado, Australia, y California. En un mundo donde la educación para la mujer era restringida a las hija de los ricos ella logró convertirse en la escritora más prolífica del siglo XIX. En un mundo donde la mujer debía mantenerse en su lugar ella logró influir sobre un movimiento mundial que hasta hoy, unos 80 años después de su muerte, sigue sintiendo su influencia.

Aunque Elena logró obtener el respeto y la admiración de miles de miembros de la Iglesia Adventista del Séptimo-Día, ella nunca logró la popularidad y la fama que otras mujeres del movimiento femenino obtuvieron. Ella fue la escritora mas prolífica del siglo Diez y Nueve pero apesar de eso, sus artículos y libros nunca lograron la popularidad de sus contemporáneos.

Hay varias razones por esto. Primero Elena nació en la pobreza. Muy pocas mujeres de los barrios pobres en los Estados Unidos han logrado fama. Segundo ella nunca trató de integrarse a los círculos que manejaban el poder en la nación. Cuando personas en la Iglesia Adventista, por ejemplo John Harvey Kellogg, trataron de seguir ese camino ella no calló su disgusto. O cuando los dirigentes del movimiento adventista trataron de dar más tiempo a la creación de instituciones que a la proclamación del evangelio ella no mantuvo silencio. Y en tercer lugar el mensaje que Elena proclamó desde su adolescencia fue un mensaje que la población Norteamericana tuvo mucha dificultad en abrazar. Su mensaje no recibió gran recepción en los Estados Unidos de Norteamérica.

Ese Julio, cuando Elena luchaba en su cama con la muerte, uno de los libros más populares en la nación era un libro titulado, <u>Nuestro País</u> (Our Country) por el Reverendo Josiah Strong. Por varias décadas este libro había sido un "best seller". Esta obra caracterizaba a los Estados Unidos como el país más sobre saliente en la historia del mundo y la raza Anglosajona como la raza superior del planeta. El libro argumentaba que Dios había elegido a los Anglosajones como el pueblo escogido para adelantar la causa de Dios en el siglo XIX y XX.

En las palabras del Reverendo Strong;

"Esta raza poderosa va a descender sobre México, Centro América, Sudamérica, sobre las islas del Océano, sobre Africa, y aún más alla. Y puede alguien negar que el resultado de la competencia de estas razas será la sobrevivencia de la raza más poderosa. 'Cualquier pueblo' dice el Doctor Bushnell, 'que es psicológicamente y culturalmente avanzado, aunque sea en unos pocos grados... sin duda vivirá más largo que sus inferiores. Nada puede salvar a las razas inferiores sino una asimilación lista y flexible. Si las razas más débiles e inferiores se revitalizaran, aún ya es dudoso. ¿No será que es el plan de Dios poblar el mundo con un material mejor y más fino?'"

Para el pueblo americano que compraba el libro del Reverendo Strong como si fuera pan caliente este mensaje realmente era una fuente de inspiración. A la población blanca de Norteamérica le gustaba escuchar que ellos eran el pueblo escogido de Dios, que ellos eran la raza superior del planeta, y que los Estados Unidos era el país más poderoso de la tierra.

En contraste los libros de Elena White pintaban una visión muy diferente. En la opinión de Elena todos los hombres eran el pueblo escogido de Dios. Para Elena, todos los hombres fueron creados por Dios, por lo tanto todos son hermanos.

Elena White también había escrito, en el libro que ella consideraba su obra maestra, El Conflicto de los Siglos, que los Estados Unidos se había convertido en un poder satánico que destruiría la tolerancia y la libertad religiosa, y que la nación propagaría guerras, injusticia, abusos, e inmoralidad. Los Estados Unidos, argumentaba Elena había perdido su misión original y se había convertido en una bestia diabólica. (Conflicto de los Siglos. Capitulo 26)

El mensaje de Elena era un mensaje que los Norteamericanos no deseaban escuchar. Ella no pintaba un cuadro muy ameno de la nación. Pero era el mismo mensaje que ella había proclamado desde el día que tuvo su primera visión en Portland, Maine en 1844. Elena dedicó su vida a proclamar esa verdad central en todo lo que hizo. De acuerdo a Elena la única solución al dilema humano era que el hombre mantenga sus ojos fijos en Cristo. Lo único que salvaría la humanidad era la persona de Cristo.

Este mensaje constituyó la herramienta más poderosa en la vida de Elena G. de White. Ese mensaje atrajo a miles que sintieron afinidad a lo que ella decía y escribía. Este mensaje tocó una nota clara y sensitiva en las vidas de miles y miles de hombres mujeres y niños del siglo Diez y Nueve y Veinte. Fue el mensaje de Elena que como un imán captó la curiosidad de un sector de la población en Norteamérica.

Aunque la clase adinerada, los profesionales, y las personas que vivían cómodamente en la sociedad Norteamericana descartaron el mensaje de Elena como un mensaje de una mujer fanática, los pobres, los inmigrantes, los que habían quedada desorientados y desposeídos por los tremendos cambios en la sociedad o los trastornos personales, abrazaron el mensaje de Elena como una brisa refrescante en un día húmedo y caluroso.

Para este sector de la población el mensaje de Elena iluminaba y ayudaba a explicar el dilema humano.

El mensaje de Elena clarificaba de donde vino el ser humano, que hacia en el mundo hoy, y para donde va. Estas preguntas de identidad personal que los desposeídos se hacían en los días de Elena y se siguen haciendo hoy quedaban claramente explicadas en los escritos y consejos de Elena. Por eso aún hoy el mensaje de Elena que sigue siendo el mensaje central de la Iglesia Adventista continúa atrayendo a miles de personas desposeídas, especialmente en el tercer mundo y las comunidades de inmigrantes en las ciudades grandes del planeta

A través de su vida Elena insistió que la ciencia y la tecnología no salvaría la humanidad. El poder militar no tiene los ingrediente necesarios para salvar a la humanidad. La acumulación de grandes riquezas puede resolver muchos problemas pero no tiene el poder que trae seguridad y satisfacción. El poder político puede reformar ciudades y naciones pero es incapaz de solucionar las inquietudes que más atormentan al ser humano. Las reformas innumerables que consumían a hombres y mujeres en el Siglo XIX y XX tampoco resolvieron el problema humano. Lo único, en la opinión de Elena, que traería cambios significativo al dilema humano era la persona de Jesús.

Ese era el mensaje de Elena, claro y sencillo. Y fue ese mensaje que atrajo y sigue atrayendo a miles a las filas de la iglesia que ella ayudó a fundar..

Pero a pesar que la vida de Elena fue de insistir en mantener los ojos fijos en Cristo, en tratar a todos como hermanos, y entregar la vidas al servicio de los pobres, la iglesia que ella ayudó a fundar continúa luchando con vivir ese mensaje. Aparentemente la atracción de crear grandes instituciones, involucrarse en la política eclesiástica, y gastar dinero y energía en la acumulación de poder continúa siendo una atracción imposible de sacudir. Los consejos de Elena no fueron

fácil de seguir en el siglo XIX y siguen siendo un obstáculo para la Iglesia Adventista hoy.

Como una vela que lentamente se apaga, a las tres cuarenta de la tarde el 16 de Julio de 1915 la respiración de Elena llegó a su fin. La noticia salió vía telégrafo y teléfono a todas las iglesias Adventistas del Séptimo Día que en su mayoría escucharon de su muerte al día siguiente, el sábado durante los servicios religiosos. En Santa Helena cientos de amigos y conocidos llegaron a ver su cuerpo. Más de trescientas sillas fueron ubicadas en el prado de la casa debajo de una carpa para el servicio que se tuvo el Sábado 17 de Julio en su memoria.

Como Elena había expresado el deseo de ser enterrada al lado de su familia en el Cementerio en Battle Creek Michigan, al dîa siguiente su cuerpo comenzó el viaje largo a Michigan. El domingo de tarde el cuerpo de Elena llegó al último "Camp meeting" que ella asistiría, en Richmond en las afueras de Oakland, California. Ahí cientos de Adventistas que amaban a Elena esperaron verla una vez más. Más de mil personas asistieron al servicio que se realizó el lunes por la mañana.

En la estación de Kalamazoo, Michigan a unas horas antes de llegar a Battle Creek el hijo mayor de Elena, James Edson White, abordó el tren que traía a su madre. En Battle Creek el Tabernáculo Adventista era muy pequeño. Más de 3,500 personas llenaron el edificio. Miles desfilaron detrás de la carroza funeraria que transportó el cuerpo de Elena al cementerio. Todas las carrozas del pueblo se usaron, varios autos siguieron la procesión, y nueve tranvías de la ciudad llevaron gratuitamente a los que salieron de la iglesia.

Al lado de su esposo, Jaime, Elena fue

enterrada.

Unos días antes, el 17 de Julio de 1915, el New York Times, el periódico que interpreta lo que pasa en el mundo con los ojos de los hombres ricos y poderosos reportó, en unos tres o cuatro párrafos insignificantes, menos de doscientas palabras, de la muerte de Elena G. de White. El título del pequeño artículo leía "Seventh-Day Founder Dies" (Muere Fundadora del Séptimo-Día).

Bibliografía

En esta Bibliografía incluyo obras que pueden ayudar a la persona interesada en aprender más de Elena G. de White y la sociedad donde ella se formó. Lamento que todos los libros en la bibliografía es en Inglés, pero la realidad es que casi todas las fuentes para el estudio de la vida de Elena G. de Whites estan en ese idioma. La bibliografía esta divivida en siete secciones para facilitar su uso.

La primera sección contiene las obras que ayudan a entender con más claridad la vida de Elena G. de White. La segunda sección contiene las obras que contribuyen al entendimiento de la Iglesia Adventista y su desarrolo durante la vida de Elena G. de White. La tercera sección contiene obras sobre la vida religiosa en los Estados Unidos durante el siglo diez y nueve. La cuarta sección contiene obras generales sobre la vida social y económica de Los Estados Unidos. La quinta sección contiene obras sobre la vida del obrero en los Estados Unidos. Y la sexta sección contiene fuentes sobre el Afro-americano en los Estados Unidos.

La séptima y última sección contiene los libros escritos por Elena G. de White. Con cada título incluyo una breve descripción de su contenido. Subdivido esta sección en dos partes. La primera contiene los libros que ella escribió durante su vidad y la segunda contiene los libros que se han compilado después de su muerte. Los Libros que contienen un asterisco al comienzo han sido traducidos al español. En esta lista no incluyo libros que son recopilaciones o condensaciones de libros previamente escritos.

Fuentes Sobre la Vida de Elena G. de White

Delafield, D.A. Ellen G. White in Europe 1885-1887 Washington D.C.:Review and Herald Publishing Association, 1975)

Nichols, Francis D. Helen G. White and Her Critics (Washington D.C.: Review and Herald Publishing Association, 1944)

Numbers, Ronald. Prophetes of Health: Ellen G. White and the Origins of the Seventh-day Adventist Church (Knoxville: University of Tennessee Press, 1992)

Smith, Uriah. The Visions of Mrs. E.G. White (Battle Creek, Michigan: Steam Press of the S.D. A. Publishing Association, 1868)

White, Arthur L. Ellen G. White-The Human-Interest Story (Washington D.C. :Review and Herald Publishing Association, 1972)

White, Arthur L. The Ellen G. White Writings (Washignton D.C.: Review and Herald Publlishing Association, 1973)

White, Arthur L. Ellen G. White Messenger to the Remnant (Washington D.C.: Review and Herald Publishing Association, 1969)

Fuentes Sobre la Iglesia Adventista del Séptimo Día

Andrews, John N.. The History of the Sabbath and theFirst Day of the Week (Washington D.C.:Review and Herald Publishing Association, 1861)

Andross, Matilda Erickson. The Story of the Advent Message (Washington D.C.: Review and Herald Publishing Association, 1926)

Brown, Walton J.. Chronology of Seventh-day Adventist Education (Washington D.C.: Department of Education, General Conference of Seventh-Day Adventist, 1972)

Cadwallader, E.M. A History of Seventh-day Adventist Education (Lincoln, Nebraska: Union College Press, 1958)

Daamsteegt, Gerard. The Foundations of the Seventh-day Adventists Message and Mission (Gran Rapids, Michigan: Eerdmans, 1977)

Gaustad, Edwin, ed. The Rise of Adventism (New York: Harper and Row, 1975)

Graybill, Ronald. Mission to Black America (Mountain View, California: Pacific Press Publishing Association, 1971)

Graybill, Ronald. E. G. White and Church Race Relations (Washington D.C.: Review and Herald Publishing Association, 1970)

Hetzell, M. Carol. The Undaunted: The Story of the Publishing work of the Seventh-day Adventist (Mountain View, California, Pacific Press Association, 1976)

Loughborough, John, N. The Great Second Advent Movement (Nashville, TN.: Southern Puclishing Association, 1905)

Maxwell, C. Mervyn. Tell it to the World (Mountain View, California: Pacific Press Publishing Association, 1976)

MaCumber, Harold O. Pioneering the message in the Goldern West (Mountain View, California: Pacific Press Publishing Association, 1946)

Nichols, Francis D. The Midnight Cry (Washington D.C., Review and Herald Publishing Association,

1944)

Olsen, M.E. Origin and Progress of Seventh-day Adventist (Washington D.C., Review and Herald Publishing Association, 1925)

Fuentes Sobre la Historia de la Vida Religiosa de los Estados Unidos

Alhstrom, Sydney. A Religious History of the United States (New Haven: Yale Uiversity Press, 1972)

Andrews, E.. The People Called Shakers (New York: Dover Publications Incorporated, 1972)

Braude, Ann. Radical Spirits: Spiritualism and Women's rights in Nineteenth Century America (Boston: Beacon, 1989)

Billington, R.. The Protestant Crusade 1800-1860: A Study of the Origin of American Nativism (New York: Macmillan Company, 1938)

Cross, Whitney R.. The Burned-over District: The Social and Intellectual History of Enthusiastic Religion in Western New York, 1800-1850 (Ithica, New York: Cornell University Press, 1950)

Dolan, Jay P. The Immigrant Church: New York's Irish and German Catholics, 1815-1965 (Notre Dame, Indiana: University of Notre Dame Press, 1983)

Foster, Lawrence. Religion and Sexuality: The Shakers, The Mormons and The Oneida Community. (Urbana: University of Illinois Press, 1984)

Hudson, Winthrop R.. Religion in America: a Historical Account of the Development of American Religious Life (New YorK: 1973)

Hudson, Winthrop R. The Great Tradition of the American Churches (New York: 1963)

Johnson, Paul E., A Shopkeeper's Millenniem: Society and Revivals in Rochester, New York: 1815-1837 (New York: Hill and Wang: 1978)

Mead, Sydney A. The lively Experiment: The Shaping of Christianity in America (New York: 1963)

Miller, Perry. The Life of the Mind in America: From the Revolution to the Civil War (New York: 1965)

Smith, Timothy. Revivalism and Social Reform: American Protestantism on the Eve of the American Civil War (Baltimore: Johns Hopkins University Press, 1980)

Stein, Stephen. The Shaker Experience in America: A History of the United Society of Believers (New Haven: Yale University Press, 1992)

Fuentes Sobre la Historia Social y Económica de los Estados Unidos

Berthroff, Rowand. British Immigrants in Industrial America (Cambridge, Mass.: Harvard University Press, 1959)

Brody, David. The Steelworkers in America: The Nonunion Era (Cambridge, Mass.: Harvard University Press, 1960)

Cochran, Thomas C. Frontier of Change: Early Industrialism in America (New York: Oxford University Press, 1983

Cole, Donald B. Immigrant City: Lawrence Massachusetts 1821-1845 (Chapel Hill: University of North

Carolina Press, 1963)

Danhof, Clarance H. Change in Agriculture: the Northern United States 1820-1870 (Cambridge Mass.: Harvard University Press, 1969)

Faler, Paul G.. Mechanics and Manufacturers in the Early Industrial Revolution (Albany: State University of New York Press, 1981)

Gates, Paul Wallace. The Farmer's Age: Agriculture 1815-1860 (Armonk, New York: Sharpe, 1989)

Greenhalgh, Robbert, The Rise of New York Port (Boston: Northeastern University Press, 1984)

Handlin, Oscar. Boston's Immigrants: A Study in Acculturation (Mass., Belkamp Press, 1959)

Handlin, Oscar. The Uprooted (Ne□·w York: Grosset and Dunlop 1951)

Hazard, Blanche E. Organization of the Boot and Shoe Industry Before 1875 (Cambridge, Mass.: Harvard University Press, 1921)

North, Doubglas Cecil. The Economic Growth of the United States 1790-1860 (New York: Norton 1966)

Schlesinger, Arthur M. Jr. The Age of Jackson (Boston: Little Brown, 1963)

Shaw, Ronald E. Canals for a Nation: The Canal Era in the United States 1790-1860 (Lexington, Kentucky: The University Press of Kentucky, 1990)

Tucker, Barbaro M.. Samuel Slater and the Origin of the American Textile Industry 1790-1860 (Ithica New York: Cornell University Press, 1977)

Turner, Frederick Jackson. The United States 1830-1850: The Nation and Its Sections (New York: Avery Craven Edition, 1935)

Verbrugge, Marth H. Able Bodied Womanhood: Personal Health and Social Change in Nineteenth-Century Boston (New York: Oxford University Press, 1988)

Ware, Caroline F.. The Early New England Cotton Manufacture: A Study in Industrial Beginnings (New York: Russell and Russell, 1966)

Woodman, Harold D.. King Cotton and His Retainers: Fanancing and Marketing the Cotton Cop of the South 1800- 1925 (Columbia: University of South Carolina Press, 1990)

Fuentes Sobre la Historia del Obrero en Los Estados Unidos

Allen, Ruth Alice The Labor of Women in the Production of Cotton (New York, Arno Press, 1975)

Broehl, Wayne G. Jr.. The Molly Maguires (Cambridge, Mass: Harvard University Press, 1796)

Dawley, Alan. Class Community : The Industrial Revolution in Lynn (Cabridge Mass: Harvard University Press, 1976)

Faler, Paul G. Mechanics and Manufacturers in the Early Industrial Revolution: Lynn Massachusetts 1760-1860 (Albany: State University of New York Press, 1981)

Gutman, Herbert G. and Donald Bell. The New England Working Class and the New Labor History (Chicago, University of Illinois Press, 1987)

Gutman, Herbert. Work, Culture, and Society in Industrializing America: Essays in American Working Class and Social History (New York: Vintage 1977)

Jones, Jaqueline. The Dispossessed: Americas Underclass from the Civil War to the Present (New York: Harper Collins, 1992)

Murphy, Teresa A.. Ten-hours Labor: Religion Reform and Gender in Early New England (Ethica, N.Y.: Cornel University Press, 1992)

Tyler, Alice Felt Freedom's Ferment: Phases of

American Social History to 1960 (Freeport N.Y.: Books for Libraries Press, 1970)

Walters, Ronald G. American Reformers, 1815-1860 (New York: Hill and Wang, 1978)

Ware, Norman. The Industrial Worker, 1840-1860: The Reaction of American Industrial Society to the Advance of the Industrial Revolution (Chicago: Dee, 1990)

Fuentes Sobre La Experiencia Afro-Americana en los Estados Unidos

Aptheker, Herbert. American Negro Salve Revolts (New York: International Publisher, 1943

Aptheker, Herbert, To Be Free (New York: Carol Publishing Group Edition, 1991)

Blassingame, John W. The Slave Community: Plantation Life in the Antebellum South (New York: Oxford University Press, 1972)

Cowan, Tom and Jack Maguire Timelines of African-American History (New York: The Berkley Publishing Group, 1940)

Douglas, Frederick. Narative of the Life of Frederick Douglas, and American Slave (New York: Penguin, 1982)

Dumond, D. Antislavery: The Crusade for Freedom In America (New York: Norton and Company Inc., 1966)

Franklin, John Hope From Slavery to Freedom: the History of Negro Americans (New York: The Vintage Book Edition, 1947)

Genovese, Eugene D. Roll Jordan Roll:The World

the Slave Made (New York: Vintage , 1976)
Koger, Larry. Black Slave Owners: Free Black Slave Masters in South Carolina1790-1860 (N.C.: McFarland, 1985)
Meier, August and Eliott Ruwick From Plantation to Ghetto (New York: Hill and Wang, 1960)
Osofky, Gilgert Harlem:The Making of a Ghetto (New York: Harper and Rowe Publishers, 1968)
Weber, Thomas E. Deep Like the River: Education in the Slave Quarter Community (New York: Norton, 1987)

Libros Escritos por Elena G. de White antes de su Muerte

*Acts of the Apostle 1911 633 pp. Historia del Nuevo Testamento.

*Christ Object Lessons 1900 436 pp. Las parábolas de Jesús y sus lecciones.

*Desire of Ages 1989 866 pp. La vida y ministerio de Jesús.

*Early Writtings 1851 266 pp. El primer libro escrito por la autora.

*Education 1903 321 pp. Instrucciones sobre la educación, los maestros, y la naturaleza de la enseñanza.

*Gospel Workers 1915 534 pp. Instrucciones para ministros y personas que trabajan en la propagación del Evangelio.

*The Great Controversy Between Christ and Satan 1888 678 pp. La historia de Salvación desde la caida de Jerusalem hasta el milenio.

*Ministry of Healing 1905 541 pp. Principios prácticos par una vida y una salud mas abundante.

*Patriarch and Profets 1890 762 pp. La historia del Antiguo Testamento desde la creación hasta el reino de David

*Prophets and Kings 1917 733 pp. Historia del Antiguo Testamento desde Salomón hasta Malaquías

Sketches from the LIfe of Paul 1883 334 pp. Historia de la vida de Pablo.

*Steps to Christ 1982 126 pp. El camino a la salvación.

Testimonies for the Church Volume 1 1885 758 pp. Colección de los testimonios de la autora.

Testimonies for the Church Volume 2 1885 764 pp.

Testimonies for the Church Volume 3 1885 627 pp.

Testimonies for the Church Volume 4 1885 731 pp.

Testimonies for the Church Volume 5 1889 826 pp.

Testimonies for the Church Volume 6 1900 534 pp.

Testimonies for the Church Volume 7 1902 337 pp.

Testimonies for the Church Volume 8 1904 372 pp.

Testimonies for the Church Volume 9 1909 325 pp.

Thoughts From the Mount of Blessings 1896 152 pp. Intrucciones de Jesús del Sermón del Monte.

A Word to the LIttle Flock 1847 30 pp. El primer documento publicado de la autora.

Compilaciones de los escritos de Elena G. de White después de su muerte.

*The Adventist Home 1952 583 pp. Instruciones sobre el matrimonio, el hogar, y la familia.

A Call to Medical Evangelism and Health Educations 1950 47 pp. Como presentar los principios de la Salud.

*Child Guidance 1954 616 pp. Como criar a los hijos.

Christ in His Santuary 1969 128 pp. Declaraciones sobre el santuario.

Christian Experience and the Teachings of Ellen G. White 1922 268 pp. Introducción a la vida y las enseñanzas de la autora.

*Christian Service 1925 283 pp. Un manual para hacer obra misionera.

*Colporteur Ministry 1953 176 pp. Un manual para colportores.

*Conflict and Courage 1770 383 pp. Libro devocional de la Iglesia 1971

Confrontation 1971 93 pp. Compilación de una serie en la Revista Adventist en 1874-1875 sobre las tentaciones de Cristo en el desierto.

Cosmic Conflict 1982 Edicion especial del Conflicto de los Siglos.

Counsels for the Church 1991 462 pp. Instruciones de la autora para la iglesia.

*Counsels on Diet and Food 1938 511 pp.

Instruciones sobre la alimentación.

*Counsels on Education 1968 Artículos que salieron de sus testimonios.

Counsels on Health 123 697 pp. Instrucciones sobre la salud.

Counsels on Sabbath School Work 1938 192 pp. Instrucciones sobre el trabajo de la escuela sabática.

*Counsels on Stewardship 1940 372 Instrucciones sobre la mayordomía.

Counsels to Parents, Teachers, and Students 1913 575 pp. Instruciones para los padres, Maestros, y Alumnos.

Counsels to Writers and Editors 1946 192 pp. Intrucciones para todos los que presentan el evangelio en forma escrita.

Ellen G. White Materials (4 volúmenes) 1988 1,821 pp. Lo que la autora escribió referent e a la Conferencia General de 1888.

*Evangelism 1946 747 pp. Instrucciones sobre evangelismo personal y público.

Fundamentals of Christian Education 1923 576 pp. Setenta y cuatro arículos que ella escribió sobre la educación entre 1872 y 1915.

God has Promised 1982 64 pp. Una collección de citas de a autora para personas desanimadas.

God's Amazing Grace 1973 383 pp. Libro devocional de 1974.

In Heavenly Places 1967 382 pp. Libro devocional de 1968.

Last Day Events 1992 330 pp. instrucciones referentes al fin del tiempo.

Lessons from the Life of Nehemiah 1986 61 pp. Diez y nueve artículos escritos por la autora en 1904.

Letters for Young Lovers 1983 94 pp. Cartas a jóvenes recien casados o que estan por casarse.

Life Sketches of Ellen G. White 1915 480 pp. La vida de Ellen G. White hasta 1881 las páginas 255-480, que contienen su vida después de 1881 fueron escritas por C.C. Crisler.

Lift Him Up 1988 382 pp. Libro Devocional de 1989.

Maranatha 1976 383 pp. Libro Devocional de 1976.

Medical Ministry 1932 348 pp. Intrucciones para médicos en Instituciones Adventistas.

*Messages to Young People 1930 502 pp. Instucciones para jóvenes y su vida espiritual.

Mind Character and Personality 1978 369 pp. Sicología cristiana, la personalidad, y la experiencia humana.

My Life Today 1952 377 pp. Libro Devocional 1953

Our Fathers Care 1991 350 pp. Libro Devocional 1992

Our High Calling 1961 380 pp. Libro Devocional 1962

Pastoral Ministry 1995 287 pp. Instrucciones para los pastores de iglesias.

Peter's Counsels to Parents 1981 63 pp. Intrucciones de II Pedro 1 para los padres.

The Publishing Ministry 1983 430 pp. Instrucciones para el ministerio de publicaciones.

Reflecting Christ 1985 382 pp. Libro Devocional de 1886.

The Retirement Years 1990 Instrucciones para personas jubiladas.

The Santified Life 1990 Artículos publicados originalmente en La Revista Adventista en 1881.

Selected Messages Book 1, 1958 448 pp. Mensajes selectos de la autora.

Selected Messages Book 2 1958 512 pp.

Selected Messages Book 3 1980 510 pp.

Sermons and Talks Volume 1, 1990 405 pp. Sermones y mensajes que no habían sido publicados anteriormente.

Sermons and Talks Volume 2, 1992

Temperance 1949 309 pp. Instrucciones sobre la temperancia.

Testimonies on Sexual Behavior, Adultery, and Divorce 1989 271 pp. Instrucciones para ministros que trabajan con problemas relacionados con la sexualidad.

Testimonies to Ministers and Gospel Workers 1923 566 pp. Instrucciones publicadas inicialmente como folletos.

That I May Know Him 1964 382 pp. Libro devocional 1965.

This Day with God 1979 384 pp. Libro devocional 1980.

The Truth About Angels 1996 appproximdamente 383 pp. Lo que la autora dice de los angeles.

The Upward Look 1982 383 pp. Libro Devocional de 1983.

The Voice in Speech and Song 1988 480 pp. Instrucciones sobre como hablar y cantar en público.

Welfare Ministry 1952 349 pp. Manual para trabajar con los pobres.

William Miller: Herald of the Blessed Hope 1994 94 pp. la historia de Miller en las palabras de la autora.

Ye Shall Receive Power 1995 382 pp. Libro Devocional para 1996.

Indice